健身解剖图解501

力量训练

主　编　［美］Natasha Diamond-Walker
主　审　丁自海
主　译　姜雪梅　郑雪峰

山东科学技术出版社

图书在版编目（CIP）数据

健身解剖图解501. 力量训练 /（美） 娜塔莎·戴蒙德－沃克主编；姜雪梅，郑雪峰主译.—济南：山东科学技术出版社，2020.7
ISBN 978-7-5723-0301-2

Ⅰ. ①健… Ⅱ. ①娜… ②姜… ③郑… Ⅲ. ①健身运动－图解 Ⅳ. ① G883-64

中国版本图书馆CIP数据核字(2020)第073704号

Created by Moseley Road Inc.
Cover Designer: Sam Grimmer
Prepress: Splitting Image
Production Director: Adam Moore
Designer: Nicola Plumb
Photographer: Naila Ruechel
Author: Natasha Diamond-Walker

健身解剖图解501：力量训练

JIANSHEN JIEPOU TUJIE 501: LILIANG XUNLIAN

责任编辑：冯　悦
装帧设计：李晨溪

主管单位：山东出版传媒股份有限公司
出 版 者：山东科学技术出版社
地址：济南市市中区英雄山路189号
邮编：250002　电话：（0531）82098088
网址：www.lkj.com.cn
电子邮件：sdkj@sdcbcm.com
发 行 者：山东科学技术出版社
地址：济南市市中区英雄山路189号
邮编：250002　电话：（0531）82098071
印 刷 者：山东彩峰印刷股份有限公司
地址：潍坊市福寿西街99号
邮编：261031　电话：（0536）8216157

规格：16开（170mm × 240mm）
印张：12　**字数**：175千　**印数**：1~3000
版次：2020年7月第1版　2020年7月第1次印刷
定价：59.80元

主　审　丁白海

主　译　姜雪梅　郑雪峰

副主译　张　进　訾晓红

译　者（以姓氏笔画为序）

毛旭艳　广州大学

张　进　广州中医药大学

陈俊奇　南方医科大学第三附属医院

郑雪峰　暨南大学基础医学院

姜雪梅　广州体育学院

訾晓红　中国药科大学

廖八根　广州体育学院

顾　问　韩春远　华南理工大学

前　言

为什么训练？

现在关于健身的话题很多，比以往任何时候都多。每个人似乎都想得到由医生手工打造的好莱坞身材，加入诸如“怪兽周期”的闪耀时尚，或者报名参加那些特技钢管舞课程。但是，健身的真正意义是什么呢？锻炼身体，还是关注健康？实际上，健身的意义因人而异。无论你是享受激烈的、汗流浃背的一小时举重训练，还是喜欢高强度、具有爆发力的混合训练，都要根据你的情况花时间精心制订锻炼流程。你可以随时随地把它们混合起来，尝试不同的动作和节奏。

核心力量

提起健身和训练，我们经常听到关于“核心”的话题。但是“核心”是什么呢？听起来很神秘，有点难以界定具体部位。首先，我们可以假设核心即位于某处的中心。所以，我们大概知道它在哪里，但是对于其精确的定义有更多的信息会更好。健身时，人们知道核心包括所有的腹部肌群、中下背部肌肉，大多数情况下也包括骨盆。核心训练是非常丰富的，且经常重点关注腹部肌群的常规训练。为了支持整个身体的最佳功能，我们的核心是重要的，而且必须是健康和强壮的。

伟大的脊柱

为了健康的生活，我们需要一个健康的脊柱来支撑骨骼、肌肉和器官。脊柱由 33 块椎骨组成，与神经系统关系密切，脊柱的健康与我们的日常生活息息相关。脊柱纵跨我们身体长度的 50% 以上，连接了超过 120 块肌肉和 100 个关节。所以，你进行锻炼和日常活动时，记得要感谢起支撑作用的脊柱。

背部

讨论完重要的脊柱，我们来讨论一下背部。背是指从肩部到尾骨（或骶骨）的整个区域。中、下背部的肌肉由最深处的脊柱和稍浅层构成核心的肌肉来支撑。我们的背部负责支撑较多体重，因此需要得到足够的关注、开发和照顾。你进行常规训练时，多花些时间做背部强化训练，使它能够健康、无痛和可靠地工作。

食物像燃料

吃什么？关于饮食已经讨论得太多了！更不用说减肥，增重，有机食物，素食主义，无谷、无糖饮食和原始饮食。坦白地说，饮食不仅是选择什么食物吃进体内，其中的乐趣同样重要。如果你想拥有感觉良好并发挥最佳潜力的成功生活，应该制订满足良好工作状态及个体化需要的可持续饮食方案，互联网上研究饮食与日常备餐的大量信息足以满足你的需要。

伴随呼吸运动

无论你的锻炼重点是增加肌肉质量、减肥、保持健康状态、感觉更好还是增强灵活性，都需要具备流畅的呼吸，锻炼时呼吸是非常重要的。呼吸方式非常多，我们发现锻炼时配合正确的呼吸对个人很重要。你应该记住呼吸可以调节全身的氧流量，包括肺内的氧气和进出肌肉的氧气量。为了达到最佳的训练效果，必须牢记要频繁地深呼吸，通常在运动开始时呼气，在运动过程中吸气。

健身道具

你可能会认为不需要在任何训练中加入道具。但是，如果你利用道具，锻炼效果可能远远超出想象。将道具融入训练会更有趣、富有挑战性并使有氧运动更充沛。使用道具的奥妙之处在于它们增加了训练中的各种维度。例如，用你的前臂以平衡球为中心做平板支撑，同时另一只手拿哑铃到这一侧，将使肌肉以全新的方式工作。在本书中你会利用的一些道具是阻力带、缆绳、平衡球、壶铃、哑铃、重力球、瑞士球和阶梯平台等。

增强式训练

你在本书中会经常见到“增强式训练”一词。增强式训练被定义为快速、有力量的运动，以肌肉拉长（离心）运动起始，立刻变为肌肉缩短（向心）运动。或者，简单地说，你可以认为它像跳跃训练一样。增强式训练需要用最大的力量和速度在短时间内快速运动到你的幅度。每周进行三次增强式训练可以增加肌肉的张力和力量，也可使你的运动更快、更有力。

在家还是去健身房？

不管你选择在家还是去健身房锻炼都会对你的健康有好处。有些人发现起床后去公共场合锻炼很有帮助，例如健身房。他们认为这些地方有其他人在进行练习，与自己做同样的事或向着同一个目标前进会非常受激励。然而，另一些人更希望在自己家的私人环境中锻炼，或者因为经济、时间问题不能去健身房，这完全由自己选择。然而，通过类似本书这种可自学的健身教程以及在商店里就可以买到的各种训练道具，在家锻炼已经变得与去健身房一样简单。

制订计划

因此，如果你已经拥有本书，已经考虑过节食，并有锻炼和增强形体的某一部分的想法，然后呢？下一步需要解决的是制订日程计划。必须确定的是：你的工作日程是什么样的，想利用多长时间锻炼，一天中最有精力的时间是什么时候，是否想要私人教练，计划在家锻炼还是去健身房。制订计划和实施计划是健身的两个重要步骤。为你的日常训练制订计划也非常重要——如果想进行全身训练，多数教练会建议你隔日训练，但也可以上半身和下半身交替或者力量训练和有氧运动交替进行。人们放弃健身训练或日常锻炼的一个主要原因是厌倦。本书通过提供每种训练的多个体式使你可以在训练计划中增加多种练习。你可以选择本书介绍的 43 种不同的俯卧撑动作，而不是隔天进行同样的俯卧撑训练。阅读本书将保证你每周保持愉快的常规训练，同时选择多种练习方法，使健身锻炼不再枯燥。

全身解剖

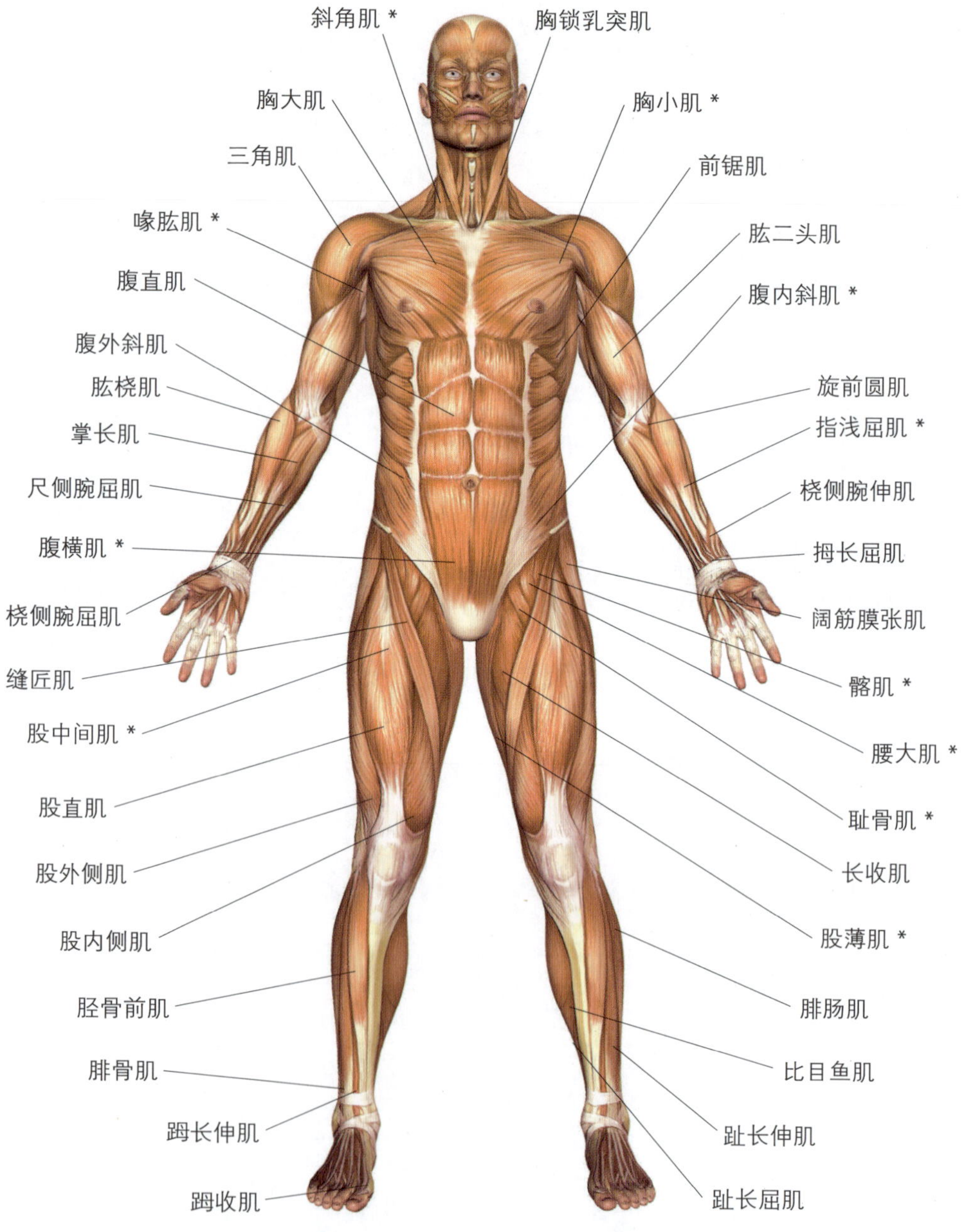

斜角肌 *
胸锁乳突肌
胸大肌
胸小肌 *
三角肌
前锯肌
喙肱肌 *
肱二头肌
腹直肌
腹内斜肌 *
腹外斜肌
肱桡肌
旋前圆肌
掌长肌
指浅屈肌 *
尺侧腕屈肌
桡侧腕伸肌
腹横肌 *
拇长屈肌
桡侧腕屈肌
阔筋膜张肌
缝匠肌
髂肌 *
股中间肌 *
腰大肌 *
股直肌
耻骨肌 *
股外侧肌
长收肌
股内侧肌
股薄肌 *
胫骨前肌
腓肠肌
腓骨肌
比目鱼肌
趾长伸肌
趾长屈肌
踇长伸肌
踇收肌

注释
* 表示深部的肌肉

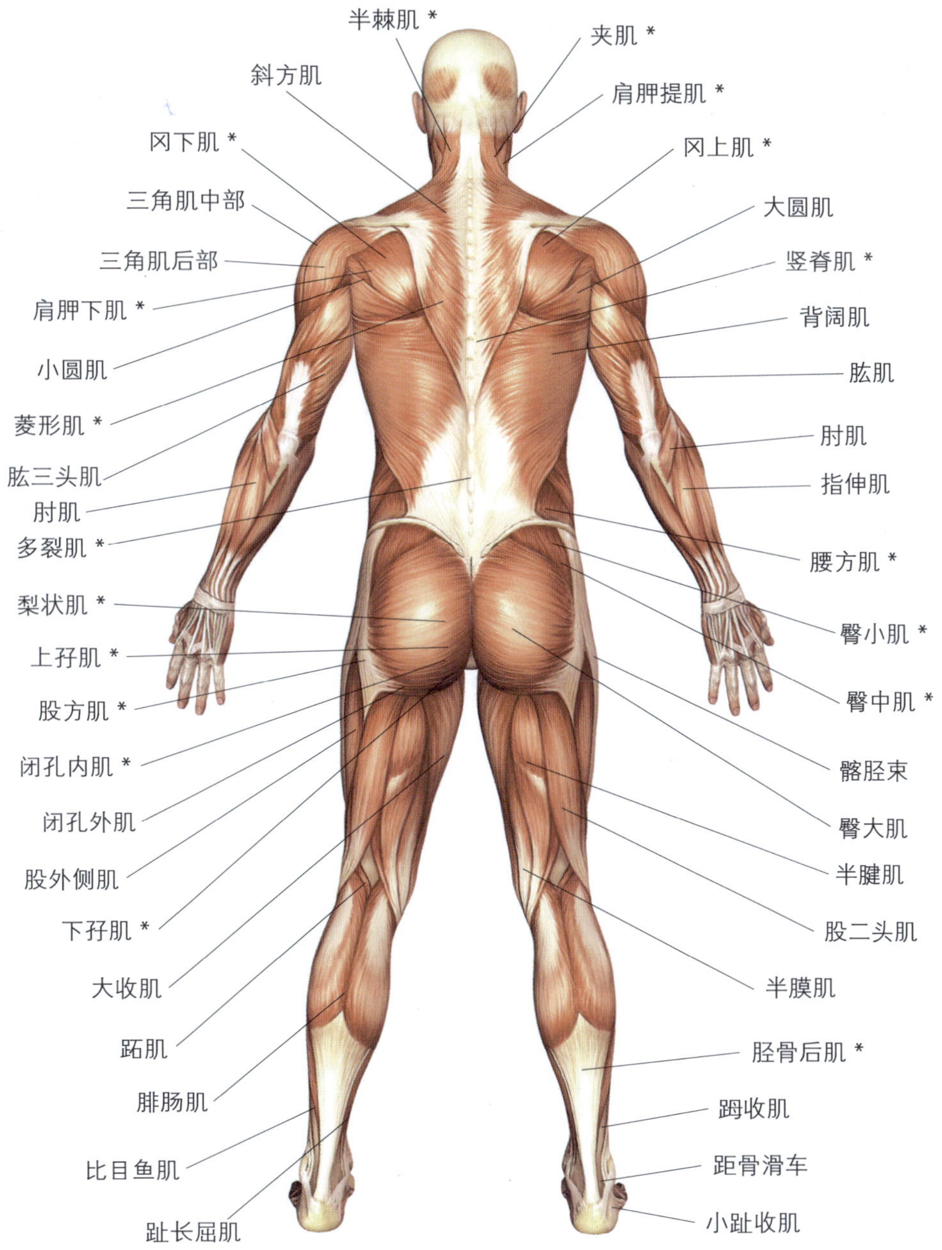
半棘肌 *
斜方肌
冈下肌 *
三角肌中部
三角肌后部
肩胛下肌 *
小圆肌
菱形肌 *
肱三头肌
肘肌
多裂肌 *
梨状肌 *
上孖肌 *
股方肌 *
闭孔内肌 *
闭孔外肌
股外侧肌
下孖肌 *
大收肌
跖肌
腓肠肌
比目鱼肌
趾长屈肌
夹肌 *
肩胛提肌 *
冈上肌 *
大圆肌
竖脊肌 *
背阔肌
肱肌
肘肌
指伸肌
腰方肌 *
臀小肌 *
臀中肌 *
髂胫束
臀大肌
半腱肌
股二头肌
半膜肌
胫骨后肌 *
踇收肌
距骨滑车
小趾收肌

目 录

第一章 上半身 …………………… 2

引体向上 ………………………… 4
俯卧撑 ………………………… 10
侧平举 ………………………… 24
杠铃直立划船 ……………………… 28
哑铃上拉 ………………………… 34
杠铃卧推 ………………………… 36
拉力器夹胸 ……………………… 42
缆绳卷腹 ………………………… 46
缆绳伐木 ………………………… 48
投掷健身球 ……………………… 50
战斗绳左右摆动 …………………… 58
双臂屈伸 ………………………… 62
卷腹 …………………………… 64
仰卧起坐 ………………………… 74
平板支撑 ………………………… 78
瑞士球仰卧臂屈伸 ………………… 90
瑞士球屈髋 ……………………… 94
泡沫滚筒卷腹 …………………… 96
肩带支撑悬垂举腿 ………………… 98
杠铃弯举 ………………………… 100

第二章 下半身 ……………… 104

基础下蹲 ………………………… 106
杠铃深蹲 ………………………… 120
哑铃抬脚 ………………………… 124
前弓步下蹲 ……………………… 130
哑铃跨步下蹲 …………………… 138
侧踢 …………………………… 144
消防栓式 ………………………… 148
高抬腿 ………………………… 152
双腿抬高 ………………………… 154
抬腿 …………………………… 156
桥式运动 ………………………… 166
原地登山 ………………………… 168
直腿硬拉杠铃 …………………… 170

第一章

上半身

我们的身体可以分为两部分：上半身和下半身。自头顶至脊柱中部是上半身，包括头部、颈部、肩部、胸部、背部肌群和身体前面的腹部肌群，我们的重要器官都在这里！平衡和强壮的上身对整体健康非常重要，而且对我们日常状态有很大影响。一个动态健身日程应当关注到上半身的各个部分，才能保证无论是身体内部还是外部都处在最佳的功能状态。

001

引体向上

想要锻炼上肢区域的所有主要肌肉，包括胸部、背部、肩部和双臂，就要尝试做真正的引体向上。这一动作特别具有挑战性，因为在执行时，你必须能够有力地抓住头上方的单杠并用背部和手臂的力量牵拉，将整个下半身的体重抬离地面。事实上，你是在依靠躯干的力量悬浮。

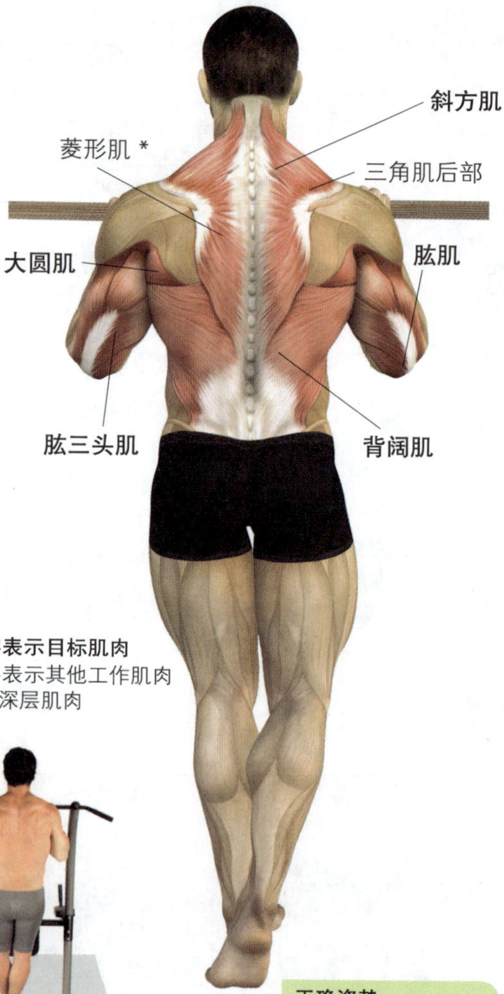

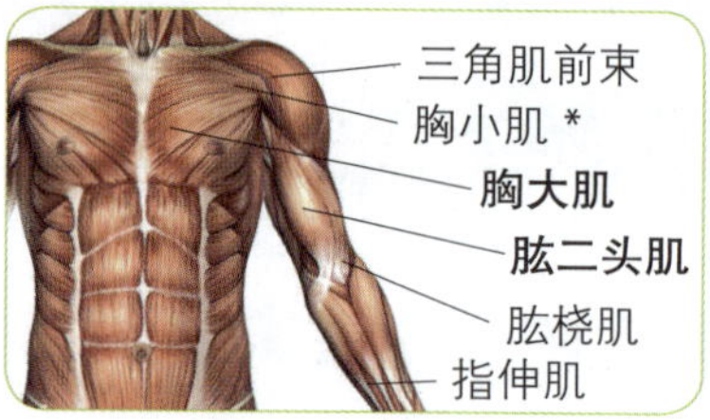

注释
粗体字表示目标肌肉
黑体字表示其他工作肌肉
* 表示深层肌肉

- 挺直身体，双臂伸直，紧握正上方的单杠。利用背部和腹部肌肉的力量做引体向上。
- 一旦肩部到达单杠的水平高度，慢慢地降低背部，保持足部离开地面，重复此动作。

正确姿势
移动主要集中在背部，手臂只能起杠杆作用，使您的体重升高和降低。

注意
一旦确定了位置，不要过多移动抓握部位。要使手、腕和前臂保持一条直线。

002 负重引体向上

负重引体向上可以增加手臂和胸部的工作量。这个训练可使用一个负重球，将它夹持在两大腿之间，从而锻炼大腿和腹肌的力量。

- 脊柱伸展，双腿夹住持球，上举双臂去抓单杠。
- 紧握单杠，做引体向上动作，双腿紧紧夹住负重球。
- 当做引体向上至最顶端时，通过屈曲膝部至 90° 来锻炼下腹部肌肉，使球保持在两大腿之间。

003 反握引体向上

反握引体向上，与引体向上反方向抓握单杠。利用反手紧紧抓握单杠并做引体向上。悬挂时保持双足在足踝处交叉，肩部与手相对。

004 负重反握引体向上

在两大腿下部之间放置一个负重球。大腿的内侧夹住球，悬挂在单杠上。屈膝，在身后抬足。调动你的背部和腹肌的力量做反握引体向上。

005 宽握引体向上

以较宽的距离抓握单杠做引体向上，主要锻炼背阔肌而不是菱形肌，因为你会更靠近抓握的单杠同时使身体上升。开始时身体直立，张开双臂至较宽的V形，抓握单杠的两端，然后做引体向上。

006 辅助引体向上

像做一般引体向上一样放置好你的手臂（如#001），在别人的帮助下做引体向上。让他们直接站在身体一侧，手保持在腿下方提供支持，直到你完成想要达到的重复次数。

007 辅助反握引体向上

让别人将手放在胫骨下方支持小腿的重量，你来进行反握引体向上，直到完成所需的重复次数。

008 弹力带辅助反握引体向上

确保弹力带两个套环固定在健身单杠的两端。在单杠前站立，将右膝放在悬浮的弹力带上，在弹力带支持帮助下进行反握引体向上。

009 弹力带辅助引体向上

像反握引体向上一样用弹力带辅助操作。引体向上操作时注意双手抓握距离较宽，均在弹力带两个柄的外侧。

010 抬腿反握引体向上

反握单杠直立，上臂伸直握紧单杠悬吊，膝部靠拢，挤压大腿内侧。当做引体向上时，利用腹肌的力量将膝部向胸部方向抬高。

011 交替抓握引体向上

当体重过高和/或足踝部负重时，人们更喜欢选择这种交替抓握方式来提高整个手部的抓握力量。

- 一只手从上方抓握，另一只手从下方抓握。
- 前臂相对，手臂分开与肩部同宽，进行引体向上。
- 当做引体向上时，肘部相对身体向下；反之，肘部相对身体向上。

012 爬山式抓握引体向上

站立在单杠一侧，抬手把一只手放在另一只手的前面，用力去握单杠，将身体抬起至肩部触及单杠，可尝试将身体交替置于单杠一侧来挑战这种引体向上。

013 中立位抓握引体向上

在引体向上单杠上固定平行的手柄装置，用力握紧手柄进行引体向上，确保手臂运动轨迹均匀平稳。伸直，然后屈曲呈直角，最后完全屈曲肘关节，使头高于单杠。

014 窄握引体向上

将两手靠近，一起抓住上方的单杠，收紧腹部，拉伸背部，这种窄握更有利于增强手臂和上身肌肉的力量。

015 身体划船

坐在低单杠下方，双手伸直与身体呈一角度握紧单杠，双足迈出使身体以一条直线悬吊在单杠上。把足跟用力推向地面，利用腹肌力量做引体向上，使身体靠近单杠。

016 交替抓握垂直绳

将垂直绳融入你的引体向上常规训练，会增加保持平衡的动态难度。紧紧抓住绳子使其变得可供攀爬，将臂部向后摆动，保持足和下方的安全凳接触，挑战手臂沿着它上下爬。

- 站在凳子上，把绳子悬在两腿之间。一只手放在另一只手上方，两手错开抓紧绳子。
- 屈曲膝部，手顺着绳子攀爬。身体从凳子上向后倾斜，伸直手臂。
- 臂部沿着绳子爬上爬下来对抗下半身重量，整个过程保持你的腿呈屈曲状态。

017 侧方拉绳

双脚平稳站在凳子顶部，一只手在另一只手上方高举抓紧垂直绳，屈曲膝部，将身体慢慢摆动到一边直到身体侧悬在空中。手沿着绳子上下移动，保持双足放在凳子上。这主要是核心肌群和臂部完成的工作。

018 反握绳子引体向上

站立在垂直悬挂的绳子后面，双手交替抓握绳子，上面的上肢向上抬高伸直，下面的上肢屈曲。上面的上肢做引体向上后变屈曲，接下来另一只手再进行下一个反握引体向上。

019

俯卧撑

简单且漂亮的标准俯卧撑是需要掌握的最好的动作之一。无论你是想要轮廓分明的光滑手臂还是紧致结实的腹肌，做俯卧撑都可以得到，并且会得到更多。俯卧撑从直立平板支撑体位开始，要求慢慢地降低和抬高重心，整个过程仅屈曲肘部。

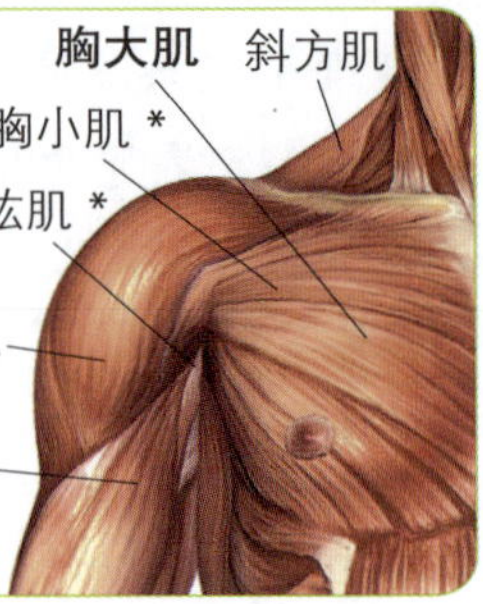

注释
粗体字表示目标肌肉
黑体字表示其他工作肌肉
* 表示深层肌肉

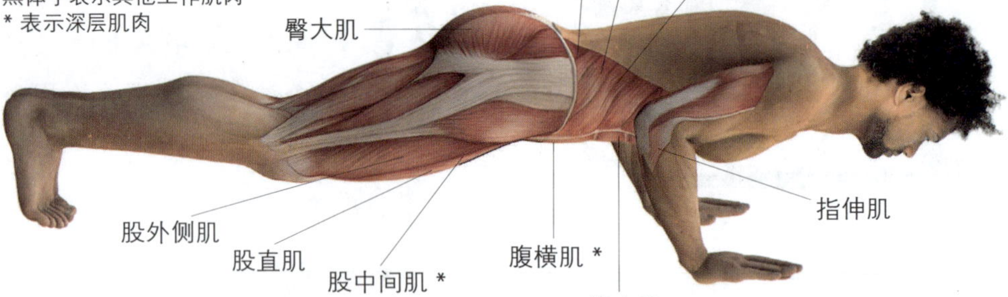

- 开始时，身体伸直，与地面平行，用手和足掌前方来平衡身体。
- 通过腹部收紧保持身体悬浮，仅屈曲肘关节，带动胸部贴近下方的地面。

正确姿势
在做俯卧撑的整个过程中一定保持身体在一条直线上。这个具有挑战性的姿势需要腹部肌肉参与大量工作，同时上肢做等长收缩。
注意
身体向前屈时要避免骨盆向后倾，保持骨盆的中立位，特别注意下背部和尾骨。

020 瑞士球俯卧撑

用手臂和膝部支持身体，双足放在瑞士球的顶端，保持身体呈一条直线，上臂屈曲 90° 。双手与肩部同宽，屈肘使胸部降低靠近地面。

021 单臂健身球俯卧撑

开始动作为直臂俯卧撑姿势，之后在右手下方放一个坚固的健身球，在不移动球的情况下保持双手和双足支持体重，慢慢地做俯卧撑。将球转移到左手下方，重复此动作。

022 手持式负重俯卧撑

抓握手持式负重器械，使其平的一面向下，身体与地面平行。伸展脊柱并伸直手臂开始俯卧撑准备姿势，慢慢屈曲肘部进行俯卧撑动作，整个过程保持腹部收紧。

023 壶铃弹跳俯卧撑

俯卧撑的这种变式由于运动之间较快的间隔而使力量最大化。

- 右手放在壶铃上方开始俯卧撑。
- 屈臂，然后快速伸直手臂，将壶铃转移到左手，重复上述动作。

024 瑞士球哑铃倾斜俯卧撑

通过将瑞士球和哑铃融入俯卧撑，将最大化发挥肌肉的能力和敏捷性。瑞士球增加了不稳定因素，挑战身体的所有肌肉参与到俯卧撑中，同时哑铃增加了双手交替抓握的元素。

- 将瑞士球放在足踝下方，摆好俯卧撑准备姿势。
- 握紧哑铃，压低身体进行俯卧撑。

025 钻石俯卧撑

手掌放在地板上，把两个拇指和两个食指放在一起做一个钻石形状，慢慢地压低肘部进行俯卧撑，双手靠紧更易锻炼胸大肌和肱三头肌。

026 健身盘俯卧撑

在背部上方两肩胛骨之间放置负重健身盘，双臂打开与肩同宽，身体降低的同时感觉用背部将健身盘往上推。

027 瑞士球窄握俯卧撑

用手臂和膝部支持身体，双足放在瑞士球的顶端，保持身体呈一条直线，上臂屈曲呈 90° 。双手靠紧在一起，屈肘，向地面方向压低胸部。

028 健身球俯卧撑

双手握住健身球，收紧腹部，双臂伸直在健身球上平衡体重，身体向前弯曲，双足后仰伸展，踮起足尖。这种姿势下开始俯卧撑，通过收紧腹部并慢慢屈曲和伸直臂部来保持平衡。

总平衡

健身球是可以融入日常锻炼中的一个极好的道具，靠一个小球体的顶部支撑整个身体重量，挑战深度利用核心和腿部肌群的力量。

029 泡沫滚轴俯卧撑

双手撑在水平泡沫滚轴上平衡身体。将上臂压向躯干两侧，慢慢降低身体做俯卧撑。保持手臂沿躯干两侧上下移动以达到最佳平衡。

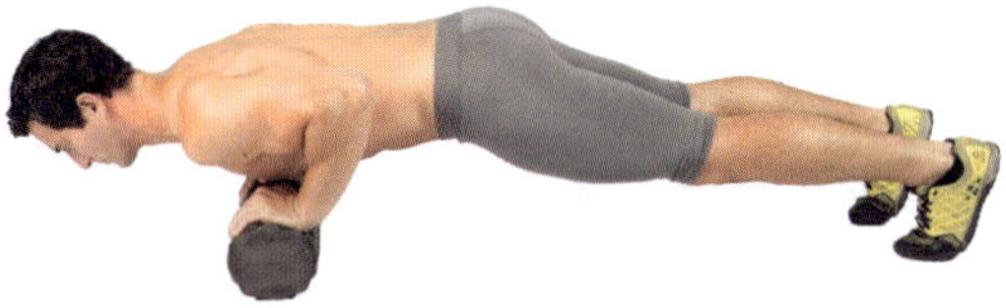

030 平衡球俯卧撑

平衡球为你的身体提供了一个不稳定的底座，开始时平衡球在圆底上快速翻动，需要腹肌强有力地参与，且需把大腿内侧肌肉挤压在一起，双手各撑住一边，保持平衡，进行俯卧撑。

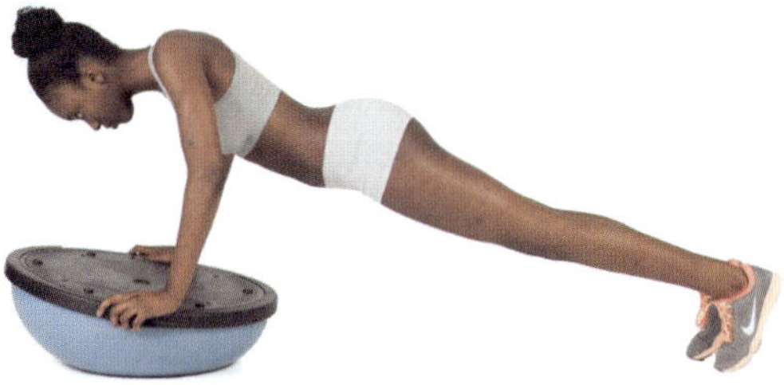

031 平衡球钻石俯卧撑

将平衡球平的一面放在地板上，手摆成钻石形状准备进行俯卧撑。保持注意力集中在腹肌和手臂上，肘部向两侧打开，降低重心开始俯卧撑。

032 健身球屈膝俯卧撑

开始姿势同直臂俯卧撑。左手下方放一个坚固的健身球。不移动球且保持体重均匀地压在双手上慢慢进行俯卧撑，抬起右膝跨过躯干弯曲至左侧。将球切换到右手并重复。

033 悬吊俯卧撑

用双手和膝部支撑，先将一只足放入悬挂弹力带，然后放另一只足。身体呈一条直线，双臂与躯干呈 90° 屈曲，双手打开与肩同宽，屈肘，向地板压低胸部。

034 悬吊原子俯卧撑

将足悬吊在带子上抬离地面，手臂伸直且用力使其与躯干保持 90° 。保持上半身挺直，用上部腹肌力量使下肢靠近胸部，保持此姿势以增加挑战。

035 迷你健身球俯卧撑

每只手握住一个迷你健身球，在球上保持平衡，脊柱拉伸、手臂伸直准备俯卧撑。慢慢屈肘进行俯卧撑，整个过程中保持腹部收紧。

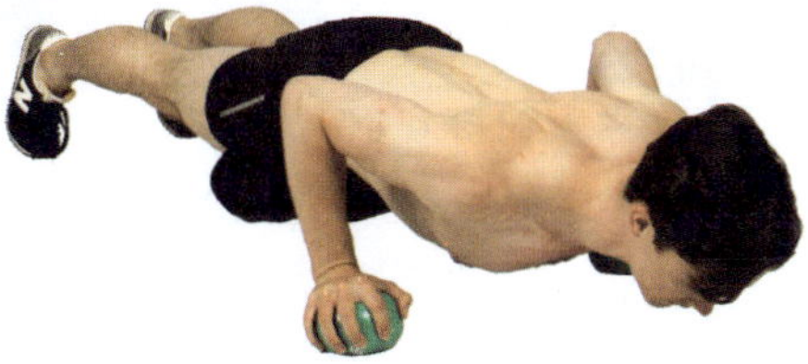

036 指关节俯卧撑

握住两个拳头放在地面上，与肩部同宽。伸直手臂且肩部悬在手的正上方，做好准备姿势，然后进行俯卧撑。

037 壶铃俯卧撑

把壶铃放在地板上时，它看起来不是很稳定。试着在壶铃顶部做俯卧撑，要求稳定肩部的同时，让核心肌群和胸大肌得到更好的锻炼。这项锻炼非常具有挑战性，可以提高平衡能力和整体协调性。

- 壶铃放置位置与肩部同宽，用手确保壶铃顶部在上方，在其手柄上保持平衡。
- 慢慢在壶铃上方将重心移向前，压低进行俯卧撑，直至胸大肌与壶铃手柄呈一条直线。

038 旋转支架俯卧撑

双手握住旋转支架手柄，身体呈一条直线。当开始向下做俯卧撑时，转动手柄使它们较平的一面相对，在这个位置上暂停一下，然后把手柄转回原位继续俯卧撑。

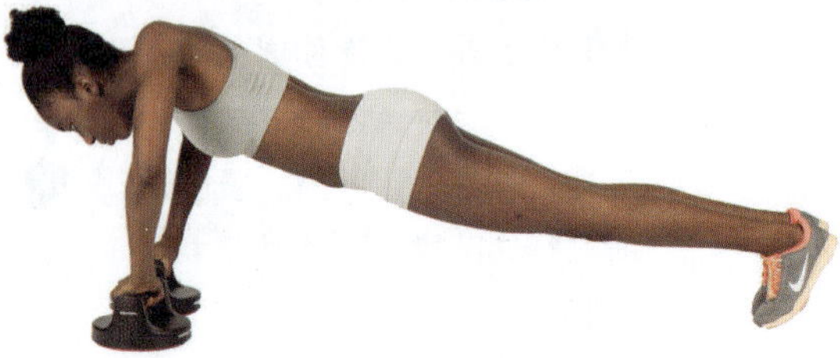

039 普拉提魔术圈俯卧撑

直接在肚脐下方放置一个魔术圈，准备俯卧撑姿势。利用魔术圈的阻力，通过对抗其阻力压低身体进行俯卧撑，魔术圈会提醒你使用腹肌力量。

040 交替单臂俯卧撑

这种俯卧撑通过打开的双臂和双足靠拢来挑战肩关节和肩袖肌群的稳定性。执行这种俯卧撑将在肩带、肩袖和肩胛骨中产生深层稳定，过程中一定要保持身体呈直线和缓慢移动。

- 双臂打开比肩部更宽，最大限度地张开手掌，将双腿挤压在一起，用足部保持平衡。
- 慢慢将肘部伸到右侧，激活核心肌群，使胸部朝向右侧压低身体进行俯卧撑。
- 使用核心肌群力量将身体提升至正中位置，再次向左侧压低身体。从一侧到另一侧重复进行。

041 负重旋转俯卧撑

这种俯卧撑变式，进一步锻炼肩关节的稳定性，同时在负重时最大限度地旋转胸部。

- 在哑铃顶部保持平衡，进行俯卧撑。
- 在俯卧撑到达底部时，保持不动。
- 旋转身体至右手向下支撑，举起左手哑铃，双足堆叠，保持这种姿势一次心跳的时间，然后再次进行俯卧撑并换到对侧。

042 下半身旋转俯卧撑

开始时双腿交叠，一个在另一个上面。手放在地面上做好准备姿势并进行俯卧撑，可锻炼身体的双侧。下半身旋转俯卧撑可以锻炼核心肌群的平衡。

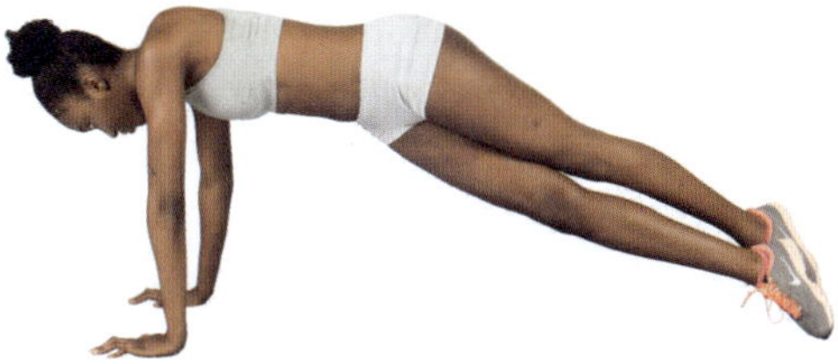

043 单膝俯卧撑

以双手和双足支撑，使体重均匀分布于各个着力点，抬起左腿使之与躯干呈一条直线。身体重心向前移动，胸部在两臂之间向地面下压，降低身体进行俯卧撑。

044 单腿俯卧撑

在俯卧撑姿势中，将腿内侧挤压在一起，同时收紧腹肌使其贴近脊柱，把左足垂直放在右足跟的上部，压低身体进行俯卧撑。然后返回起始位置，换另一条腿。

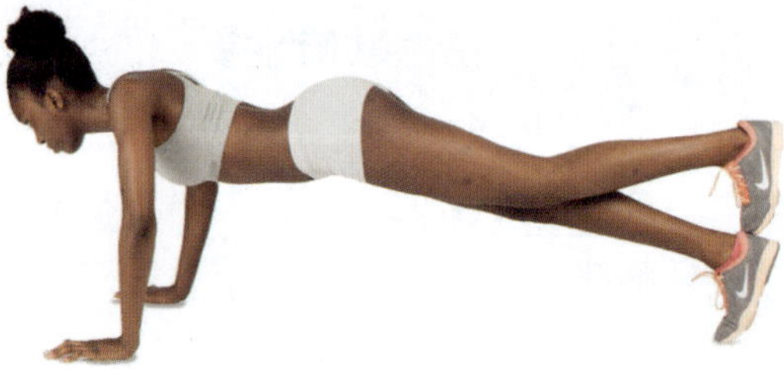

045 单腿下斜俯卧撑

利用双手和膝部支撑，将一只足放在高架子顶部的上面。身体呈一条直线，臂与躯干呈90° 。双手打开与肩部同宽，弯曲肘部，将胸部向地面压低。

046 单腿滚轴俯卧撑

以俯卧撑姿势在滚轴上保持平衡，将腿内侧挤压在一起，同时收紧腹肌使其贴近脊柱。抬起左足，把重心转移到手臂上。压低身体进行俯卧撑，然后换另一条腿重复上述动作。

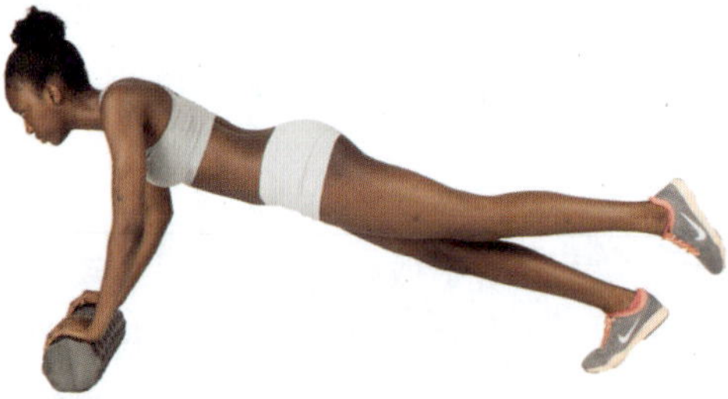

047 瑞士球和健身砖上俯卧撑

双手掌打开与肩部同宽分别置于健身砖上，先将一只足放到瑜伽球的顶部，然后再抬另一只足。身体保持一条直线，手臂与身体呈 90° ，屈曲肘部，压低胸部使其与健身砖同一水平，返回起始位置并重复。

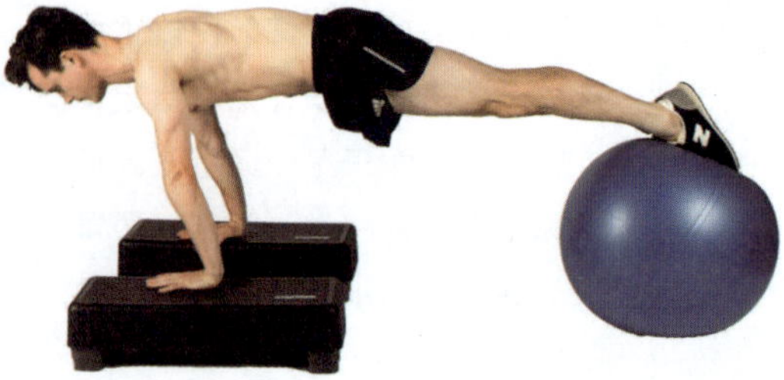

048 瑞士球和健身砖上单腿俯卧撑

每只手按一个健身砖，双足置于瑞士球上。保持身体呈一条直线，用双臂保持平衡，然后抬起左足，使腿部稳定，屈肘进行俯卧撑。

049 健身箱俯卧撑

以直臂俯卧撑姿势开始，把右手放在健身箱顶部。慢慢地将体重均匀地分布于双手和双足，进行俯卧撑。将健身箱换到左侧，然后重复。

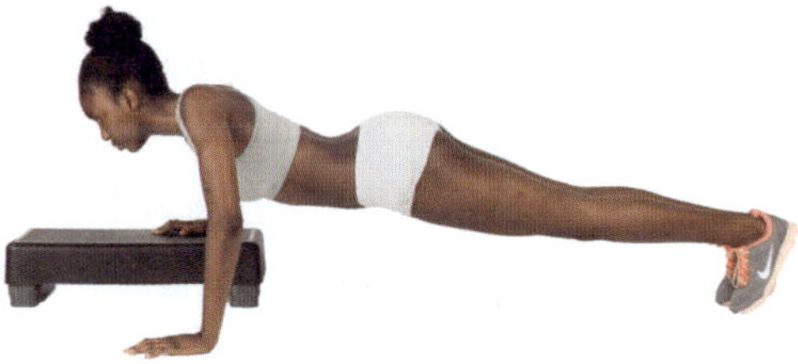

050 交叉健身箱俯卧撑

交叉健身箱俯卧撑可以锻炼高水平的耐力，增强胸肌以及构建肩带的深层稳定。你不仅要做俯卧撑，而且要在一个不平坦的表面来回穿梭。移动通过的高峰和低谷使得这种变式独一无二。

- 开始时右手放在地板上，左手放在与胸部同一水平的健身箱上。在该姿势下进行俯卧撑并抬起。
- 双手放在健身箱的顶部。
- 把左手拿开，放在地板上，右手移动到健身箱上方，开始下一个俯卧撑，然后抬起。
- 将双手放回箱子上方，换到另一侧继续进行俯卧撑。

051 单臂俯卧撑

以直臂俯卧撑姿势开始，把左手放在背后。保持左肩与右肩在一条直线上，慢慢进行俯卧撑。切换手臂，重复。

052 单臂单脚俯卧撑

体重均匀地分布在双手和足掌上，开始俯卧撑姿势，将左臂抬离地面向前伸直。然后，把右腿向后伸直抬高。平衡后，压低身体做俯卧撑。

053 健身箱动态俯卧撑

动态俯卧撑对加强力量和协调性具有很好的锻炼效果。结合敏捷度、爆发力和弹跳的训练，可锻炼上半身和腹肌的力量。执行此项训练要求双手从最低俯卧撑姿势中跳起，然后落在健身箱上，这些动作在一个计数的时间完成。

- 开始俯卧撑姿势时，每只手在健身箱外侧。
- 弯曲臂部进行俯卧撑，至底部时快速跳起离开地面，在半空中双手靠拢，再落在健身箱的顶部进入俯卧撑姿势。
- 再次在健身箱上面从俯卧撑姿势中伸直。
- 然后，压低身体进行俯卧撑，弹起离开健身箱，张开双臂，落地时双手横跨健身箱，回到起始位。

054 交替侧滑俯卧撑

执行这一挑战性的俯卧撑，可以最大化地发展核心和肩部稳定（#019）。通过在胸部正下方重复打开和合拢双手，更能增强上身协调性，且能深度发展腹肌的力量。

- 开始动作为双臂打开与肩部同宽。
- 压低身体进行俯卧撑，沿着地板滑动右手去碰左手，整个过程保持俯卧撑低位姿势。
- 双手靠拢伸直，并使身体上升，再次压低身体进行俯卧撑，滑动右手向外敞开，保持低位。用打开的双臂撑起抬高，从一侧到另一侧重复此动作。

055 交替健身球俯卧撑

以直臂俯卧撑姿势开始。在右手下方放一个坚固的实心球，不移动球并且使体重均匀分布在双手和双足上，完成俯卧撑。将球换到左手，然后重复。

益处

在锻炼中加入实心球是增强平衡和协调能力的一个很好的方法，用手从一边到另一边交替支撑健身球，不仅可以锻炼身体的肌肉，同时也可锻炼大脑的交叉轴回路。

056 拍手俯卧撑

俯卧撑压低身体时，双手用一个爆发力推向地面然后快速在胸前击掌，打开手臂再次落地后进行俯卧撑的压低动作。

057 膝部俯卧撑转出杠铃

紧紧抓住两端有圆形负重的杠铃，两膝一起置于地板上，保持两臂伸直，向外转动杠铃使其远离身体。朝向身体拉杠铃到起始位置。整个过程保持核心肌群参与其中。

058 俯卧撑转出杠铃

俯卧撑姿势保持平衡，抓住杠铃，压低身体进行俯卧撑同时伸直躯干，保持双臂伸直，滚动杠铃远离身体，让胸部尽量靠近地板。回到起始位置，整个过程保持核心肌群参与其中。

059 俯卧撑转出哑铃变式

手握哑铃，脊柱伸展、双臂伸直做好俯卧撑准备姿势。慢慢屈肘进行俯卧撑，在低位保持俯卧撑姿势，轮流交替滚动哑铃。在你前面滚动哑铃至手臂伸直，然后把它带回来。

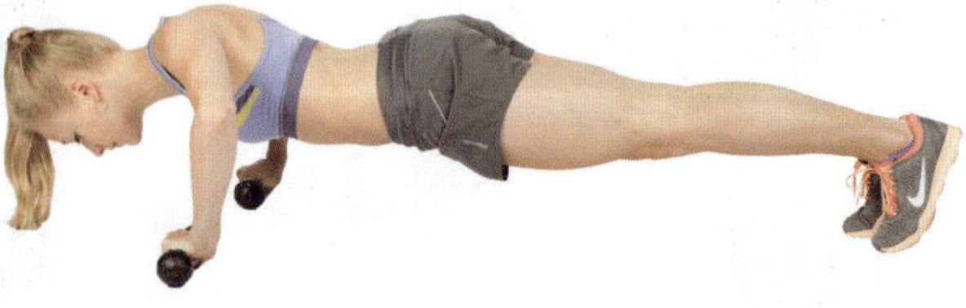

060 俯卧撑跨步

俯卧撑跨步可以提高耐力，增强胸肌的力量，并提高肩带区域的深层稳定。该训练不仅要做俯卧撑，还要在一个不平整的表面上来回移动。

- 开始时右手放在地板上，左手放在与胸部平行的健身箱的顶部，这种姿势下压低身体做俯卧撑，然后抬高，双手放在健身箱的顶部。
- 把左手拿开，放在地板上，把你的右臂放在健身箱顶部的中央。进行下一个俯卧撑，然后抬高。
- 将双手放回箱子上，并继续交替到对侧进行下一个俯卧撑。

061 体操运动员俯卧撑

这种俯卧撑的变式做了最大限度地改变并加入了深层腹肌的锻炼。以双足尖撑地作为开始姿势，深度屈曲肘部进行俯卧撑并保持，然后把两个前臂放在地板上，弯曲足踝，用足掌撑地。向下按，抬高身体并向前伸，回到起始姿势，然后重复。

启示

体操运动员是最努力的运动员之一。他们的运动能力近乎超人！保持身体结实、紧致和控制力需要一个强大的核心力量。记住这一点，做你的“体操运动员”俯卧撑。

062

侧平举

以最佳方式进行侧平举可以增强一些非常重要的上肢肌群，包括三角肌、斜方肌和胸大肌，此项运动也可以稳定肩部和肩胛骨。

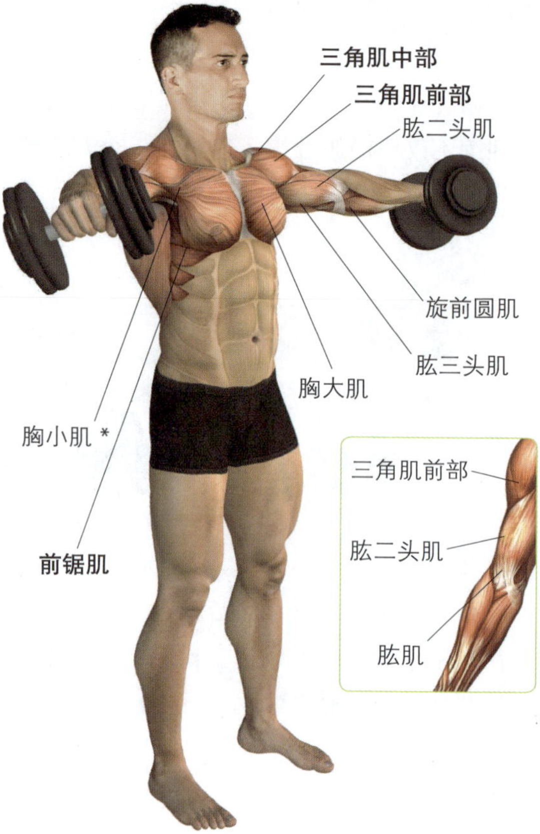

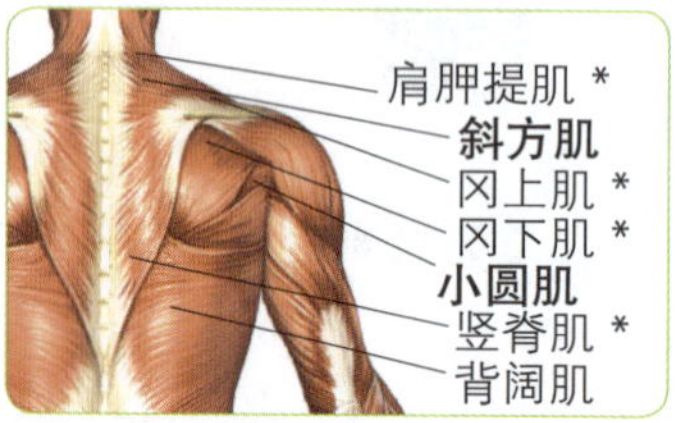

注释
粗体字表示目标肌肉
黑体字表示其他工作肌肉
* 表示深层肌肉

- 双足打开与肩部同宽站立，哑铃悬挂在身体两侧。
- 保持核心肌群参与，肩部与臀部对齐呈一条直线，慢慢地把哑铃向两侧举起离开身体直到它们与肩平行。
- 慢慢将哑铃放低，回到原来位置。

正确姿势
整个练习中一定要保持肘部轻微弯曲，这样可使合适的肌肉参与进来且锻炼效率最高，呼气时向上举，吸气时放低。

注意
不要让你的臂部前后摆动太远。手臂的运动轨迹要在臂部侧面呈一条直线。

063 屈臂侧平举

在保持侧平举的基础上增加手臂和膝部的屈曲，可以使肌肉力量更小，更多肌肉参与其中。另外，保持下半身屈曲可以锻炼腿部力量。

- 从一个挺直的姿势，将腿弯曲呈浅蹲姿势。
- 屈肘，把哑铃放在胸前。
- 肘部向两侧打开，相互远离，直到它们与肩部保持同一水平。
- 将哑铃放低恢复原位，站直，然后重复。

064 俯身单臂侧平举

在倾斜的板凳上保持平衡，每次锻炼一只手臂。该俯身侧平举的变式主要锻炼核心肌群。

- 一只手放在倾斜的板凳上，另一只手拿哑铃，弯腰俯身刚好大于90°。
- 用健身长凳保持平衡，向一侧展开哑铃直至与胸部平行。
- 把哑铃放回凳子侧面位置，然后重复。达到要求的重复次数后换另一侧。

065 健身盘前举

双足打开与肩同宽站立，双手抓紧负重健身盘，把它放在臀部前面。肩部放松，保持上背部挺直，慢慢将健身盘抬到肩部高度，然后降低。

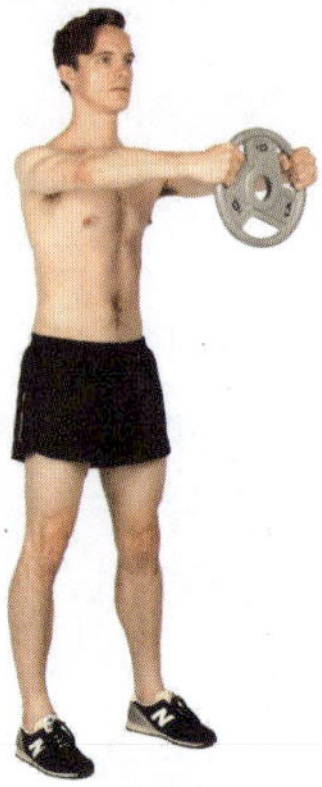

注意

每当用手持式负重或缆绳锻炼上半身肌肉时，记住需要较大的肌群参与，但不要使其紧张，同时锻炼该区域较小的肌群。颈部和肩部肌肉错综复杂，如果使用不正确的肌肉组合或力量太大，很容易受伤。

066 单臂哑铃侧平举

用左手握住倾斜的健身长凳或椅子的顶部，右手握住哑铃。俯身至刚好大于90° 。用凳子平衡，展开哑铃向上举，直至与胸部呈一直线。

067 4 步过头顶

双足打开与肩部同宽站立，双手握哑铃放在右肩上。举起哑铃到头顶（数到 1）；接下来，将哑铃置于左肩（数到 2）；再举到头顶（数到 3）；然后将哑铃返回至右肩部（数到 4）。每次均按该顺序重复。

068 俯身缆绳侧举

俯身，腹肌充分激活，双足打开与肩部同宽。右手抓住缆绳，上臂向侧方摆动，拉起缆绳使其升至肩部高度。然后在控制下慢慢降低。

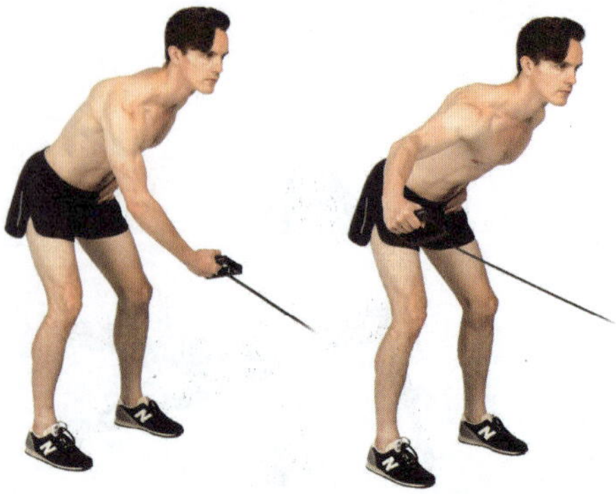

069 双壶铃抓举

这项练习通过运动之间的快速切换，最大限度地提高力量。使用壶铃并屈膝加入了增强式训练的元素，使动作更加有爆发力和活力。双壶铃抓握被正确使用，有助于稳定肩关节以及提高整体姿势和肌肉间的协调工作。

- 开始时双足打开较宽站立，每只手各握一个壶铃，放在身体两侧。
- 深屈膝，将壶铃置于双腿内侧摆在一起。
- 用一个动作将壶铃从双腿间上举到头顶。
- 将壶铃滑到手背面。
- 反过来向下摆动，直到壶铃降至双腿间结束。

070 阻力带侧平举

双足打开约与臀部等宽，把缆绳水平地系在双足中间。保持脊柱伸直，收紧腹肌，肩部肌群参与发力，将缆绳向上拉至肩部的高度。

071 缆绳侧平举

双足打开，脊柱保持伸直，收紧腹肌，利用肩部肌群拉缆绳向上至肩部高度。

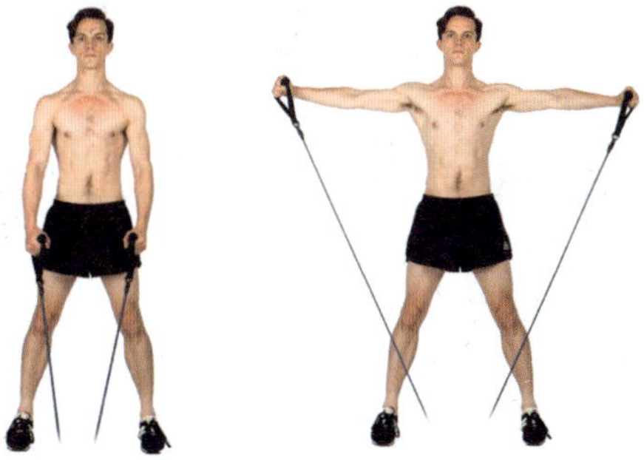

072

杠铃直立划船

杠铃直立划船是引体向上的另一种类型。划船主要锻炼上、中背部，且需要大量腹肌参与。划船时使用杠铃、重物或阻力带可以帮助你塑造优美的斜方肌和三角肌，同时也可以锻炼前臂。

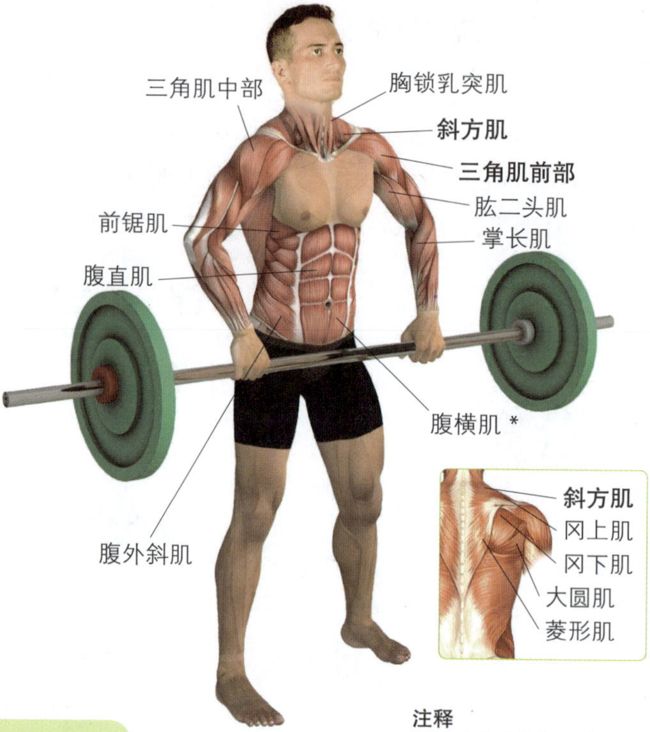

注释
粗体字表示目标肌肉
黑体字表示其他工作肌肉
* 表示深层肌肉

正确姿势

把肩部向远离耳郭的方向在背部挤压，想象一下将后颈部向远离中背部的方向拉伸。

注意

避免咬紧牙关或用任何方式挤压颈部（包括抬高下颌），这可能会给头部带来不必要的紧张。

- 扩胸直立，双足打开与肩部同宽，双手宽握杠铃，手掌面向身体。
- 在身体前方拉起杠铃，肘部向两侧打开。
- 一旦杠铃杆达到肩部水平，放低杠铃，然后重复。

073 杠铃划船

紧握杠铃，使其笔直地保持在臀部前方。双足打开，膝部轻微屈曲，躯干向前倾斜，将杠铃拉向胸部。确保你的上半身在该对角线上是平直的。

074 窄握杠铃直立划船

双手在中心部位紧紧抓住杠铃，向上举起杠铃，一定要让双手与身体的中心保持一致。这种位置抓握对于肩袖肌群施加了更大的压力。如果肩部有伤痛要避免此项操作。

075 俯身杠铃划船

紧紧抓住杠铃，双足张开。保持双腿基本伸直，膝部轻微屈曲，将杠铃拉到胸前。确保上半身在对角线上是平直的。

076 丁字杠铃划船

站在杠铃两边。双足打开比肩要宽，屈曲膝部，抓住杠铃一端的稍后方将其举高。将杠杆从前面拉向胸前。

077 壶铃划船

一条腿在另一条腿前面保持平衡，身体呈 90° 倾斜。伸出一只手捡起壶铃，另一只手放在腿上。把壶铃向上拉到肩部，肘部继续向上延伸高于背部。换到另一侧，重复。

078 交替壶铃划船

收紧腹肌，使膝部屈曲姿势保持稳定。每只手提一个壶铃开始划船，向上和朝向肩膀拉，每次只拉一个。每侧拉起时允许胸部稍微打开。

079 交替对抗划船

每只手握住一个壶铃，开始最佳俯卧撑姿势。确保腹肌用力收紧，腿伸直有力。将重力压在足掌上，身体与地面平行，伸直手臂，拉起右手，使壶铃与身体的侧面对齐。把壶铃放下恢复俯卧撑姿势，换另一侧，重复。

080 坐式阻力带划船

坐在地面上，腿向前伸直。把阻力带套在足中间，将阻力带的手柄垂直拉向你的下肋，保持肘部靠近身体侧面。

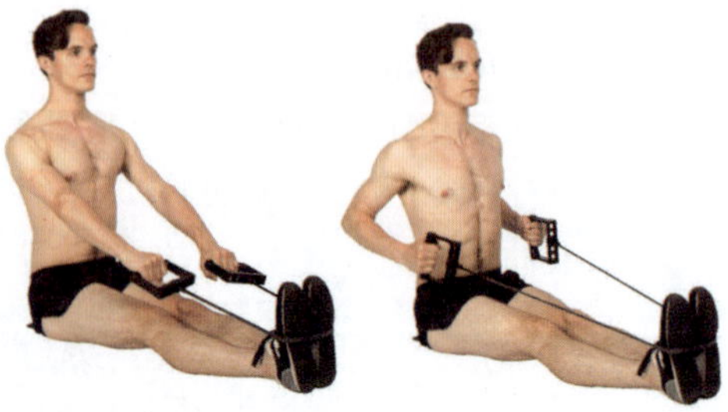

081 健身盘划船

健身盘划船重点是加强身体背部的力量，具体来说是中背部。这种划船变式是利用负重健身盘，要求身体从髋部向前屈曲，与健身盘保持平行姿势划船。向前屈髋时，必须稍微弓背，这样压力才不会落到下背部和尾骨区域。这种向前弯腰划船姿势可以高度集中锻炼手臂、肩部和所有上背部的肌肉。

- 双足打开与肩部同宽，在胸前抓握负重健身盘。
- 屈膝，以髋部为轴弯腰，使躯干悬在与地面略高于90° 角的位置。在身体前面把健身盘向下伸展。
- 慢慢地把健身盘收回，保持膝部弯曲且背部始终与地面呈倾斜的角度。

082 斜凳划船

伸直身体俯靠在健身斜凳上，每只手各握一哑铃，宽松地悬挂在健身长凳的两侧，利用上背部和肩部的力量把哑铃斜拉向胸前。

083 直立哑铃划船

双足分开，与肩同宽，向下背部方向收紧腹肌，感觉中背部挺直有力。双手握住哑铃，沿身体前面向上拉哑铃，直到哑铃与肩部平齐，放下，然后重复。

084 单臂哑铃划船

用右手抓住斜凳或椅子的顶部，左手抓握哑铃。身体弯曲，使它刚好超过90° 。用斜凳保持平衡，用力拉哑铃，使其与胸部平齐。

085 健身凳阻力带划船

身体直立坐在健身凳上，固定阻力带至胸部高度，将阻力带手柄拉向胸部，保持肘部靠近身体两侧。

086 阻力带划船

收紧腹肌站立，右足在左足前方错开，并确保在右足中间固定一个阻力带。屈肘，将手柄拉向腋窝，上臂向两侧旋转打开。

087 哑铃耸肩

每只手握一个哑铃，双足打开与肩部同宽。向下背部收紧腹肌，通过单独收缩斜方肌使肩向双耳方向耸起。降低，然后重复。

088 杠铃耸肩

杠铃耸肩的重点是锻炼斜方肌上部的肌肉，同时也锻炼和稳定上肩部。

- 双足打开与髋部同宽，身体重心放在足掌。
- 用双手握紧杠铃，肩部打开，向双耳方向耸肩。
- 慢慢放下肩部，然后重复。

089 哑铃侧方推出

脊柱伸直站立，双足打开与肩部同宽。在身体两侧紧握哑铃，掌心向内朝向身体。收紧腹肌，利用上背部肌肉的力量，双臂向侧方打开抵抗哑铃重力。

重点

确保整个过程目标区域保持稳定并全程参与其中。试着在锻炼的时候自由吸气和呼气，运动时呼吸会使血液有机流动，肌肉也能轻松地运动。

090

哑铃上拉

当合并哑铃、杠铃或者其他任何一种类型的负重时，单独利用手臂的力量工作，有助于锻炼手臂和胸部的肌肉。头顶上方的少量运动也有助于稳定整个上肢的大肌群和小肌群。

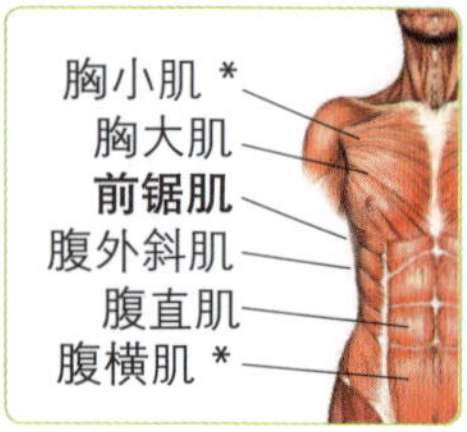

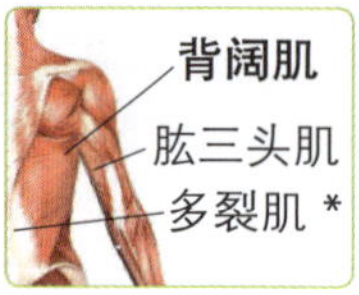

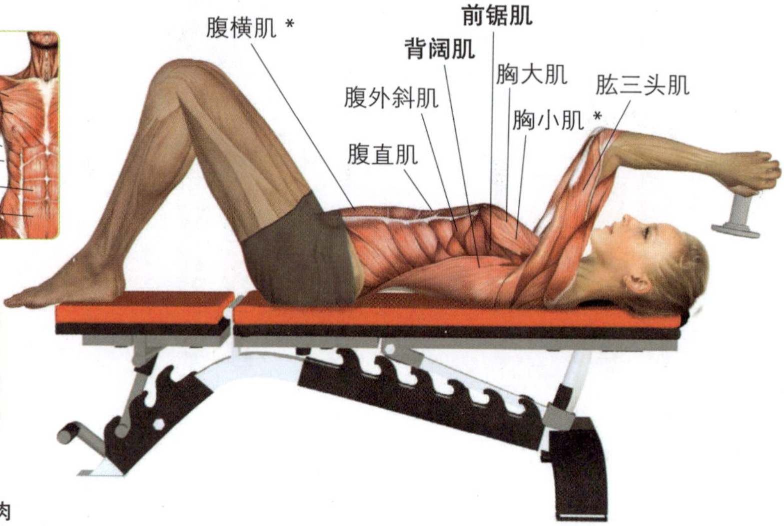

注释
粗体字表示目标肌肉
黑体字表示其他工作肌肉
* 表示深层肌肉

- 平躺在地板或健身凳上，双腿屈曲，挤压大腿内侧使之靠拢。
- 手臂伸出把哑铃举过头顶，肘部置于面部上方。慢慢地把哑铃举过头顶，伸直双臂。

091 杠铃上拉

这种上拉的变化形式是在头顶上方加入了更重的杠铃。这种变化形式可以更深入锻炼胸肌，同时强化肩部的肌肉。

- 躺在健身长凳上，双臂向上伸，握住杠铃，肘部略微屈曲。
- 慢慢地将杠铃向后放，直到你感觉胸部被拉伸，沿着相同的弧线将杠铃带回到起始位置。

092 瑞士球杠铃上拉

该变式是用瑞士球支撑上背部，在执行杠铃上拉时添加一个平衡的元素。确保臀部与膝部及背部保持平齐。

093 健身斜凳上拉

身体伸展俯靠在健身斜凳上，双手握住杠铃，利用上背部和肩部的力量，把杠铃斜向上拉到胸前。

094 哑铃仰卧推举

仰卧在健身长凳上，上身与长凳垂直，保证只有上背部和头部接触长凳。双足平放在地面上，膝部弯曲90°，腹部和大腿用力，双手慢慢抬起并降低胸部上方的哑铃。

095

杠铃卧推

经典杠铃仰卧推举是一种塑造和加强身体前方胸部肌肉的最有效的锻炼。如果你正在寻找这一部分肌肉的塑形方法，掌握仰卧推举将做到这一点。

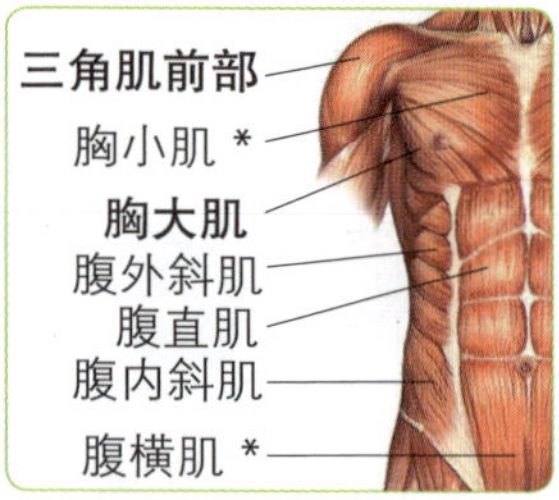

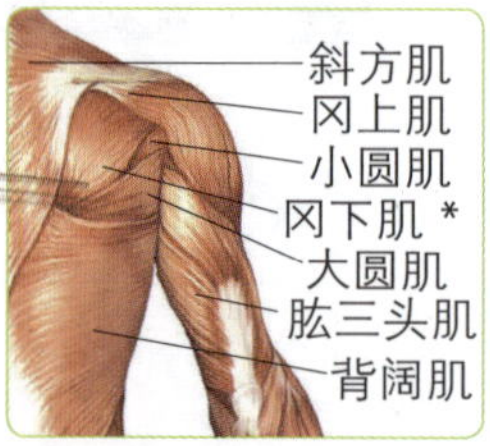

正确姿势

如果你是初学者，较宽距离抓握杠铃对你来说是最好的。当想提高时，可以把双手靠近一些以增加挑战。

注意

避免不正确地抓握杠铃杆。应该以拇指握住杆的一边，其余手指握住另一边。错误的抓握可能非常危险！

- 仰卧在健身长凳上。
- 双手打开放在杠铃上。如果用健身架，把杠铃稍微向上推，然后把它向前直接拉到胸部中心的正上方。
- 慢慢地放低杠铃至胸部，但是不要接触身体，然后返回。

096 坐式阿诺德推举

坐式阿诺德推举的重点是针对三角肌（肩部）非常棒的训练。因为这种推举通过在三个不同的运动平面切换，达到锻炼三角肌所有部位的目的。

- 双臂在身体两侧伸直，正坐位，每只手各握一个哑铃。
- 利用肘部力量将哑铃上拉至肩部高度，在此位置保持。
- 展开双臂使两侧均与躯干呈 90° 角。
- 然后，将哑铃举到头顶上方。

097 坐式哑铃肩部推举

双臂在躯干两侧伸展，坐直。每只手握住一个哑铃，手掌朝前。手臂张开与肩膀呈 90° 角。单独利用肘部力量，把哑铃举至头顶上方。慢慢放下来，然后重复。

098 直立哑铃肩部推举

双臂在躯干两侧伸直，站立。每只手各握一个哑铃，手掌朝前。手臂张开与肩部呈 90° 。利用肘部力量，把哑铃举至头顶上方。慢慢地放下来，然后重复。

099 抬腿压胸踏板桥

仰卧在地板上，膝部弯曲，双足平放在踏板上，同时双手在两侧各握一个哑铃。把臀部抬高呈一个高桥，慢慢抬起右腿指向正上方，同时举起两个哑铃，直到两臂指向正上方。这时肘部和右膝应该完全伸直。向下恢复至起始位，然后在另一侧重复。

100 硬举

从站立开始，利用三角肌直接将哑铃上举至肩部上方。接下来，稳定肩部和腹部，再沿着耳旁将哑铃举起。降低，然后重复。

101 哑铃肩上推举

首先，双手持哑铃站立，手掌朝向身体，利用三角肌沿身体两侧拉起哑铃，把手放到胸前。然后，向胸前伸直前臂。弯曲肘部旋转向两侧打开呈直角。将哑铃举过头顶，再弯曲肘部，然后放下。

102 头上弹力带推举

站立，腹肌完全收缩，右足交叉至左足前方。将弹力带固定在右足中部。肘部屈曲上举，与腋窝呈 90° 。然后在身体两侧垂直向上举。

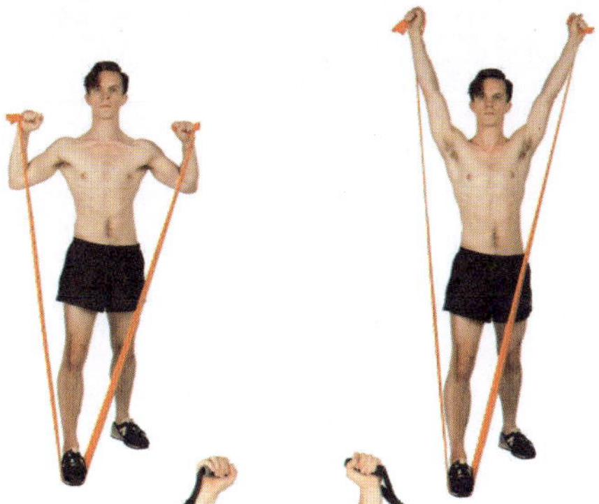

103 头上缆绳推举

坐在有靠背的椅子上，双手持缆绳手柄，置于躯干两侧。肘部稍屈曲，肩部用力向上拉缆绳。这套动作就像试图将双手在头顶会合。

104 交替缆绳肩上推举

背部挺直，双足分开比肩部稍宽。双肘呈直角，上臂伸直拉一侧缆绳，另一侧保持屈曲。两上臂交替屈曲伸直。

105 锥形推举

双手分别持缆绳手柄，置于身体两侧。肘部稍屈曲，肩部用力，拉缆绳末端。这一动作就像试图让双手在头顶接触，形成一个锥形。

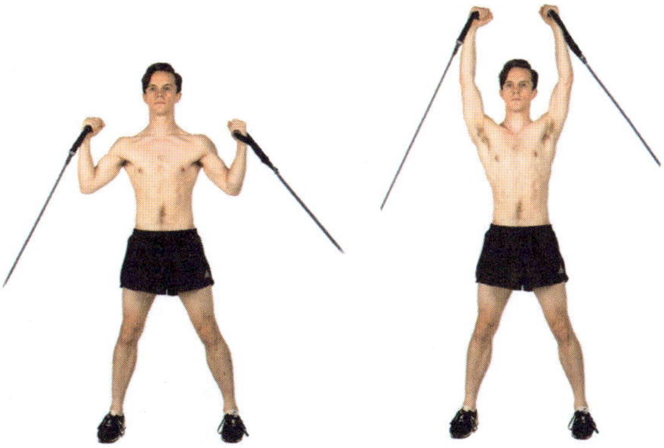

106 斜卧哑铃推举

做斜卧哑铃推举是塑造和增强身体前方胸肌的另一个最好方法。与哑铃凳举不同，斜卧哑铃推举可以使双手分别持不同重量，也可使运动幅度和灵活性增大。

· 起始时，背部直立，双手持哑铃。
· 慢慢降低身体，躺在斜凳上。肘部置于身体前方，用肩部承担重量。
· 伸直前臂，向胸部上方推哑铃，使双手在胸部上方相触。

107 斜凳反握哑铃推举

改变上述斜卧哑铃推举的抓握方式。这一反转抓握主要锻炼胸肌的上部。

108 瑞士球平躺哑铃推举

用瑞士球支撑上背部，双手持哑铃，向上推至胸部上方。注意髋、膝和背部保持一条直线。

109 下斜杠铃推举

向下倾斜仰卧于训练凳上。将双足固定在凳子的底部。双手分开持杠铃。如果用的是健身架，将杠铃垂直上举，然后将其向前拉，使杠铃正好位于胸部的中央。慢慢地降低杠铃至胸部，然后重复。

110 颅骨挤压训练

这一锻炼不是为了挤压头部，而是为了挤压上肢。具体地说，这一锻炼将增加您的总体力量和塑形肱三头肌。通过肘部大范围屈和伸，将使肱三头肌彻底得到锻炼。先坐位，将杠铃放在腿上。向后仰，把杠铃移到胸部后垂直上推，然后向前额方向下降。再次在胸部上方伸直臂部。重复此动作。

111 弹力带颅骨挤压

将弹力带固定在凳子的两侧，两手抓弹力带。向上向外推弹力带使其远离胸部，直至上肢伸直。

112

拉力器夹胸

拉力器夹胸是使用阻力带或拉力器锻炼胸部肌肉的重要方法。任何一种飞鸟运动都可以通过基本的推和拉使深层和浅层的肌肉得到锻炼。

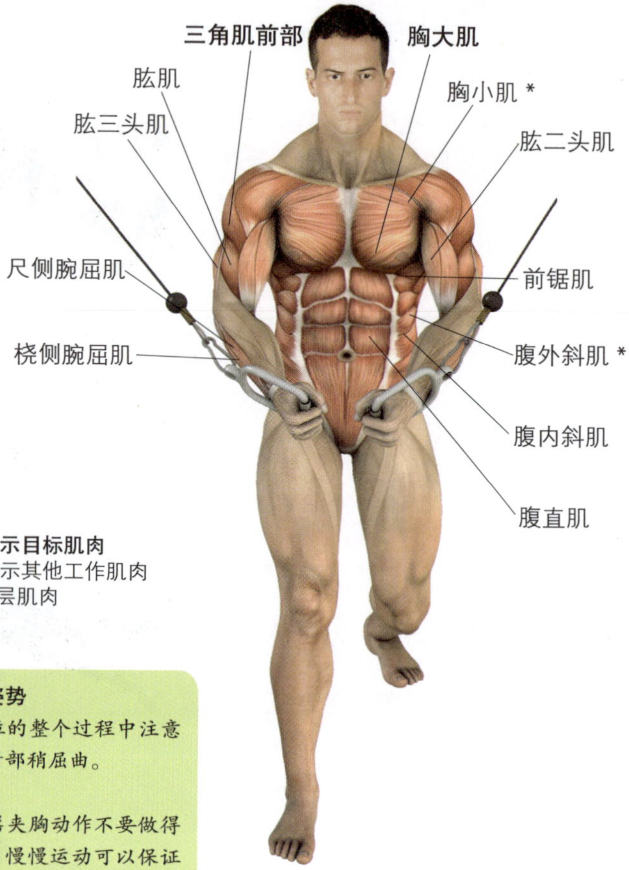

注释
粗体字表示目标肌肉
黑体字表示其他工作肌肉
* 表示深层肌肉

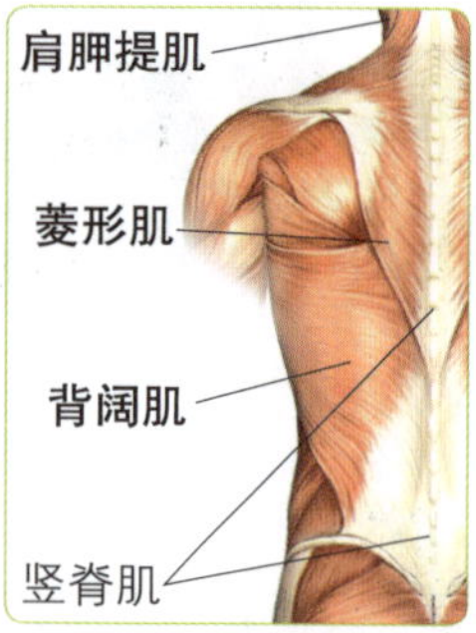

正确姿势
在牵拉的整个过程中注意保持肘部稍屈曲。
注意
拉力器夹胸动作不要做得太快。慢慢运动可以保证方法正确并且阻力稳定。

- 右足交叉至左足前方，牢牢握住拉力器的手柄。起始时，上肢向身体两侧展开。
- 屈曲膝部，利用身体重量向前移动。
- 向下拉握把，将双手一起移动至骨盆前方。
- 慢慢控制住打开上肢，退回原处。

113 俯卧飞鸟

俯卧飞鸟主要锻炼肩后部的肌肉。这个动作主要增强三角肌和斜方肌。理论上讲，你只是在俯卧位做传统飞鸟。

- 面对斜凳站立，双手持哑铃置于身体两侧。
- 收紧腹部，利用上背部。将哑铃向两侧展开，肘部保持稍屈曲。
- 维持上肢展开片刻，然后放下。

114 瑞士球俯卧飞鸟

上半身俯卧在瑞士球上。伸直双腿，用足掌保持平衡。挺直腰背部以辅助维持平衡，向两侧张开双臂。保持张开片刻，然后放下。

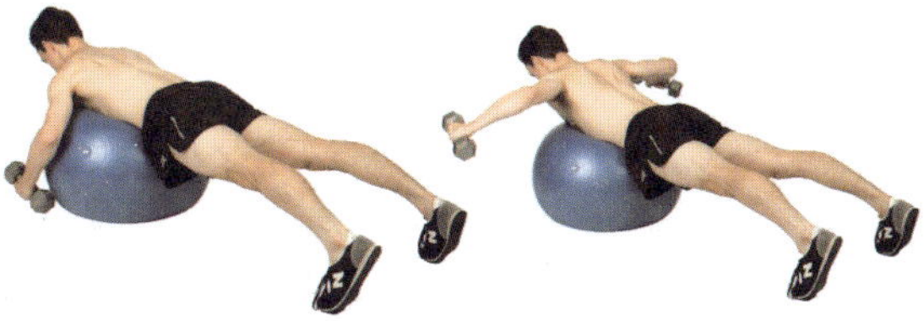

115 交替阻力带交叉

阻力带在身体后方固定在健身架上，站立，双手分别抓紧手柄。双足比肩部稍宽，双手轮流拉阻力带横过躯干。利用核心和胸部力量控制阻力带。

116 阻力带倾斜提拉

利用斜面、阻力带或器械，即通过运用重力元素增强运动的强度。抵抗增加的重力进行拉、上推或下推可以使肌肉产生更大的力量、平衡能力和稳定性。

- 阻力带位于身体后方站立。
- 张开胸部，持阻力带手柄。
- 向上拉阻力带，提起手柄至身体中心部位。
- 慢慢控制着降回原位。

117 阻力带交叉飞鸟

将倾斜的凳子固定在健身架上，仰卧在凳子上。阻力带需要绕在斜凳后方并绕过健身架的竖杆。保持肘部稍屈曲，紧紧抓住手柄并用力使双手在胸部中线接触。

118 阻力带下斜飞鸟

站立位，阻力带固定在手后上方。抓紧阻力带的手柄，胸部打开。向下拉阻力带，将手柄拉至髋部中央位置。控制住慢慢回到原位。

119 哑铃飞鸟

哑铃飞鸟也是利用重力来增强胸部肌群。躺下后运动平面发生改变，这种变式可以增加更多重力元素，通过基本的推和拉增加胸部和核心的锻炼效果。

- 开始时坐位，哑铃放在大腿上。
- 后仰，屈肘，将哑铃移动到胸部两侧。
- 在胸廓上方垂直伸直双臂。
- 张开双臂到达两侧，双臂靠拢，重复此动作。

120 哑铃下斜飞鸟

仰卧在向下倾斜的凳子上。保持肘部稍屈曲，抓住哑铃手柄，向上推，使双手在胸部正上方相触。慢慢打开双上肢，重复此动作。

121

缆绳卷腹

当进行缆绳卷腹练习时，不管用器械还是缆绳，都可以锻炼腹肌。

正确姿势
当髋关节前屈时确保用力拉缆绳。这一拉力应该贯穿整个运动过程。
注意
避免髋部后退太远，不要感觉像要坐在自己的足跟上。

- 开始时，膝部跪地，两足跟并拢。
- 抓住缆绳的手柄，屈髋部，腹肌用力，下拉手柄。缆绳的两个末端应该位于头两侧。
- 伴随阻力，伸直脊柱，身体升高至膝部正上方。

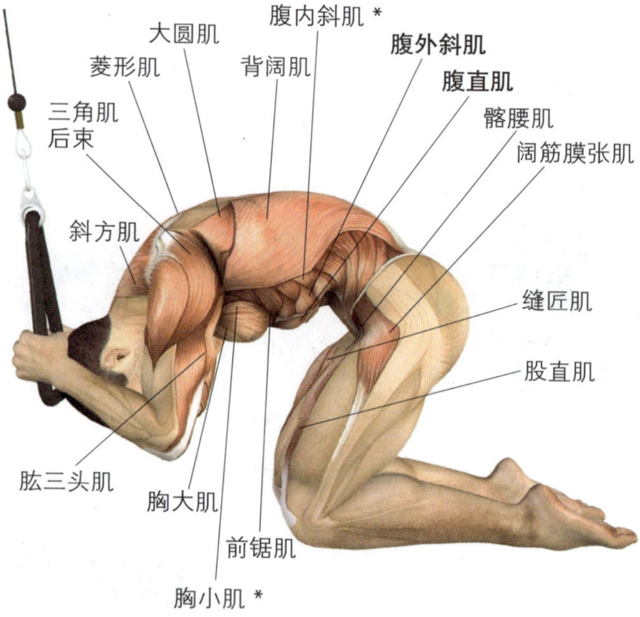

122 阻力带双侧倾拉

这一动作可以使腹肌和上肢肌都得到锻炼。任何合并缆绳或阻力带的训练都可以通过利用自身的体重起到增强身体力量的作用。

- 双腿分开站立，将阻力带固定在两足底中间。
- 双手持手柄，将缆绳向身体两侧拉开。
- 保持双臂位置不动，腰部弯向右侧，然后弯向左侧。

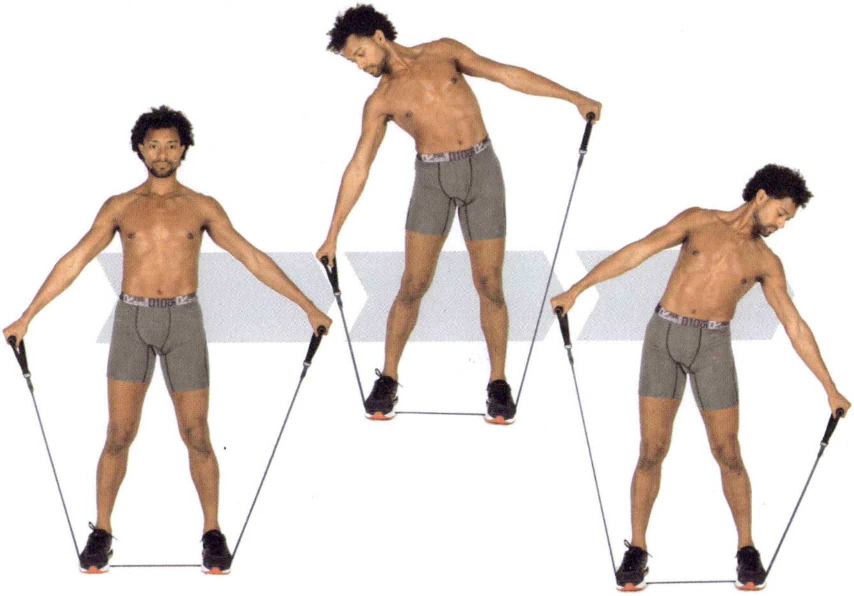

123 阻力带交叉下拉

开始时呈站立位，双手在躯干前方交叉，抓住阻力带的末端。使上肢从交叉位置慢慢展开，下拉阻力带，直至与胸部平齐。

124

缆绳伐木

模拟伐木动作（但不用木头或斧子），这一锻炼将挑战核心力量，并需要带动臂后肌群。用缆绳做道具，将缆绳绕过身体前后运动，可增强上半身从一侧向另一侧的旋转能力。

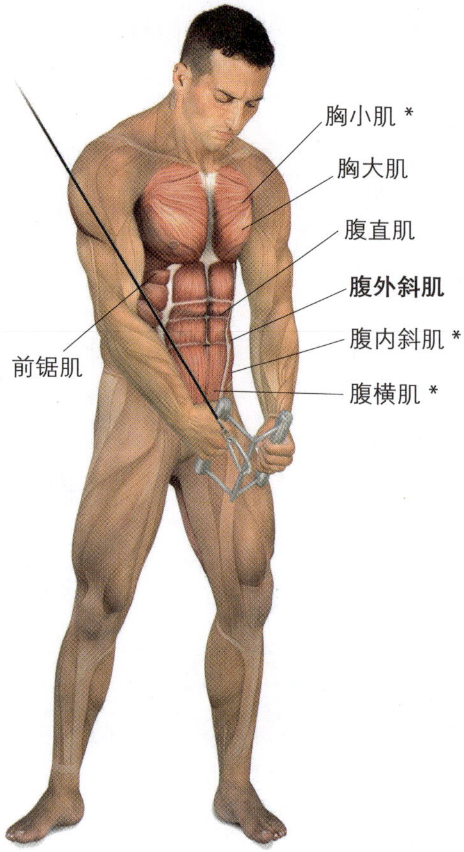

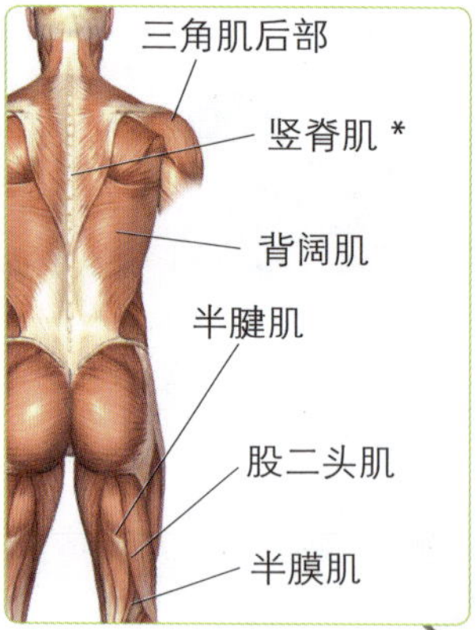

注释
粗体字表示目标肌肉
黑体字表示其他工作肌肉
* 表示深层肌肉

- 双手持缆绳手柄，双腿伸直站立。
- 缆绳位于身体右侧，上肢可以够到缆绳。
- 腹肌用力收缩，将缆绳横跨身体前面拉到左侧髋部。

正确姿势
保持双足站立，肩部位于髋部上方，面向前方。旋转动作不能改变身体的朝向。

注意
不要将缆绳横跨身体拉得太远。旋转仅需使缆绳刚好到达对侧髋的外侧。

125 用力交叉伐木

做用力交叉伐木动作时，可以从一侧扭转到另一侧并保持下肢静止，这是一个极大的挑战，但有巨大的好处。正确执行这一运动不仅能使髋部和骨盆更加稳定，而且可以调动并刺激所有的背部和核心肌群的深层及浅层肌肉。

- 起始时双足分开站立，双手持负重球。
- 向左扭转身体，使负重球下降，膝关节稍屈曲，推开并旋转负重球至身体右后上方，上肢屈曲，下肢旋转。
- 换另一侧，重复此动作。

126 负重球伐木

双足分开，将负重球置于身体外侧，深蹲，将球摆到左膝上方。然后站起来，将球向上推至肩部后上方，腿伸直。

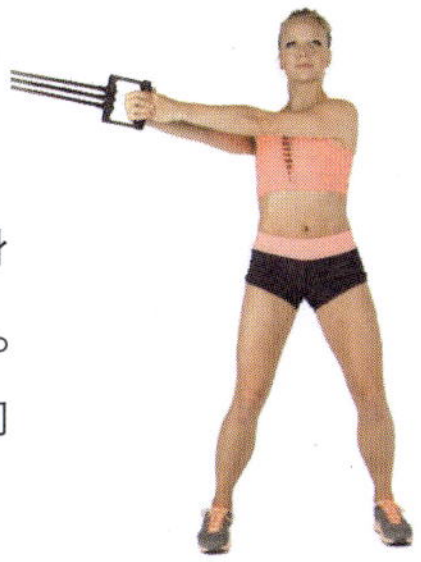

127 肩高伐木

双手持缆绳末端，腿伸直站立。缆绳位于身体右外侧的肩部高度，手臂将缆绳拉向外侧。慢慢地带动腹肌，将缆绳直接横跨身体拉向左侧肩部。

128

投掷健身球

投掷健身球需要做一个真实的动作——投掷，并给健身球增加爆发力，以提供旋转力，从而增加耐力和核心稳定性。这一动作既可以单独做，也可以与同伴一起练习。所有负重球均可用于这部分的训练。

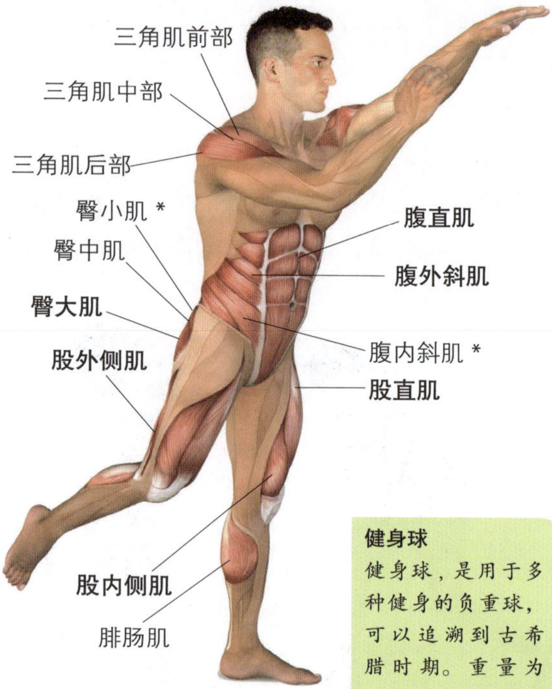

健身球

健身球，是用于多种健身的负重球，可以追溯到古希腊时期。重量为0.9~11.3 kg，主要用于增强训练来增加爆发力。任何类型的负重球都可以用于本书中提到健身球或负重球的锻炼。

正确姿势

将健身球从身体前方中央抛出。从开始到结束整个过程需要带动腹肌进行投掷。

注意

不要将重心后移到足跟。投掷时，保持重心在足跟前方。

注释

粗体字表示目标肌肉

黑体字表示其他工作肌肉

* 表示深层肌肉

- 持健身球于胸前。
- 左足位于身体后方，足跟抬起，并保持躯干稳定，将球举到肩膀上方。
- 当向前扔球时屈曲后面腿的膝部，将后足抬离地面。
- 捡起球，在另一侧重复该动作。

129 负重球壁球

利用墙壁，你可以用爆发式弓步、下蹲，并持负重球跳起，将其扔到墙上，回弹时再抓住。

- 深屈膝部，双手持球。
- 从蹲姿爆发性伸直腿，重心落在足掌上，将球扔向墙壁。
- 当球从墙壁弹回时抓住球，再次降低身体。

130 负重球投接

与同伴一起，练习来回扔负重球。确保利用核心肌群将球从手中扔到同伴手中。也要屈曲膝部来维持腿的平衡。

131 肩上投掷

可以与同伴一起，也可以一个人练习，试着将健身球扔过肩部。开始时稍屈膝。将健身球摆到右侧，然后将它掷向左肩上方。

132 负重球下抛

负重球下抛可以拉伸背部并增强腹肌力量。持球快速高举上肢，然后将其摔向地面，这是一种等长运动，可以改善动态爆发力。

- 起始时腿稍屈曲，球向右上移动。
- 快速将球摆动过中线向左下，爆发式地将球扔向地面。

益处
抛和投掷负重球是增强动态力量、旋转灵活性和平衡能力很好的方法，也对神经系统的交叉环路有益处。

133 健身球大环

双手持健身球，双腿分开，将健身球绕身体画圆。开始时向右，降低至地面时移至双腿中间，然后向左，最后举过头顶。

134 站立俄罗斯转体

开始时双足分开，双手持健身球。身体转向右侧，膝部稍屈，然后转向左侧，用力转球，转体并扭转核心和腿。

135 负重球画 8 字

双腿分开站立，将健身球朝向左侧髋部。在一个运动中，将球跨过身体甩向右上角。要快速调动身体侧面的核心肌群和臀部力量。

136 负重球立卧撑跳

双手牢牢抓住健身球。蹲下，将球放在双腿之间。带动腹肌，腿部跳跃呈平板支撑俯卧撑姿势（#213），球和足保持平衡，腿跳回呈蹲姿，将上臂甩向天空，跳起。

137 反向摆动

反向摆动可以拉伸脊柱，同时增强腰部、腘绳肌及肩部的平衡力。如果你想通过下蹲锻炼增强腿部力量，这也是一个很好的锻炼方法。

- 大跨步分腿站立。
- 双腿屈曲，身体前倾，快速摆动负重球通过两腿之间。
- 回到站立位，将球摆向头顶上后方。
- 然后，利用上肢将球摔向地面。

138 负重球头顶环转

利用负重球作为轻型重物拉伸上肢、背部、腹肌和髋部是一种增加脊柱活性的简单方法。本训练通过大范围环形运动可以使你的身体舒展和更加柔软。

- 双足与肩部同宽分开站立，在头顶上方持负重球。
- 将球转向右侧。
- 将球转向头后方。
- 将球转向左侧。
- 最后将球带回前方。根据自己的需要重复多次。

139 过头下抛

起始时腿部稍屈曲，将球举过头顶。快速摆动球通过身体重心，爆发性地将球抛向地面。

140 8 字形

双足打开与肩同宽，站直。双手持负重球，置于下腹部。沿对角线将球举向右肩部，保持髋部朝前，但左足稍旋转，面向球的方向，沿同样对角线的方向将球带回身体中间。向左重复该动作。

141 击墙传球

稍屈膝部，双手持负重球。带动腹肌和腿部肌肉，将球扔向墙面。当球从前面弹回时，抓住，重复。

142 负重球仰卧起坐投掷

这一投掷是一种传统仰卧起坐的变化动作（#210）。我们都知道仰卧起坐可带动腹部、腰部和核心力量。当你将负重球与仰卧起坐结合——在动作顶部投球——可以锻炼身体的等长运动。另外，通过利用核心力量投球可以很好地拉伸背部和上肢。

- 仰卧位，上肢伸展，负重球置于头顶上方。
- 当腹肌收缩，做仰卧起坐动作时，将负重球抛出。

143 摇滚仰卧起坐

以仰卧起坐姿势起始（#210），健身球位于头顶上方。手持健身球在身体前方，带动腹部肌肉，从仰卧起坐姿势开始，身体爆发性向前滚动至蹲姿。将上肢举过头顶，身体站直，保持腹部处于强烈的紧张状态。

144 负重球捞干草式

持负重球悬在身前，两腿交错站立。左腿在前，右膝跪地。将球从右髋部向左上方摆动指向天空，快速回到右侧。

145 左右抛健身球

双膝屈曲保持平衡，抬离地面悬空。负重球置于髋前方，向两侧旋转上身，最大幅度扭转身体，同时腿部保持静止，将球摔向两侧的地面。

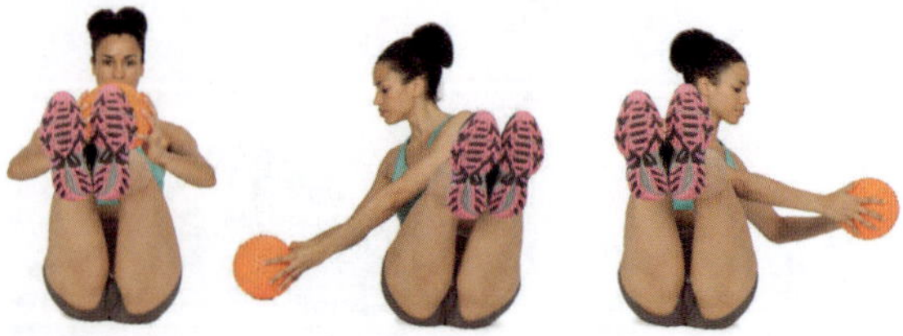

146 负重摇船

开始时坐位，双膝夹住负重球，收紧下腹，保持髋部稳定。抬起腿摆向右侧，然后向左侧。呼吸，将上肢摆向与腿相反的方向。

147 45° 转体

双腿弯曲并拢，抬离地面。躯干伸直，髋部以上抬起，上肢于身体前方持球，然后将上半身转向左右两侧。保持腿不动的情况下，最大幅度地扭转身体。

148 单独转体

坐位，腿伸直，双足分开。上身从髋部以上抬起挺直，双手持负重球，向两侧转体。保持腿部静止，做最大幅度的转体。将球放到地上，捡起球，转回中间位置，向另一侧重复该动作。

149 负重球前方上举

站立位，负重球位于身体前方，低于髋部。向下背部收腹，脊柱伸展，将负重球提高到胸部高度。维持片刻，再降低。

150 泡沫滚筒转体

舒适地坐在泡沫滚筒上，腿稍屈曲放在身体前方。腹肌用力，将球提高到胸部高度，依次转向身体两侧。

151

战斗绳左右摆动

注释
粗体字表示目标肌肉
黑体字表示其他工作肌肉
* 表示深层肌肉

如果你希望参与增强全身力量和有氧运动的课程，战斗绳可能满足你的愿望，甚至收获更多！战斗绳，由于其运动幅度大，可以提供更加动态的锻炼，完成比基础负重更多的训练角度。使用战斗绳可以使核心力量得到锻炼，也可以提高有氧运动水平。

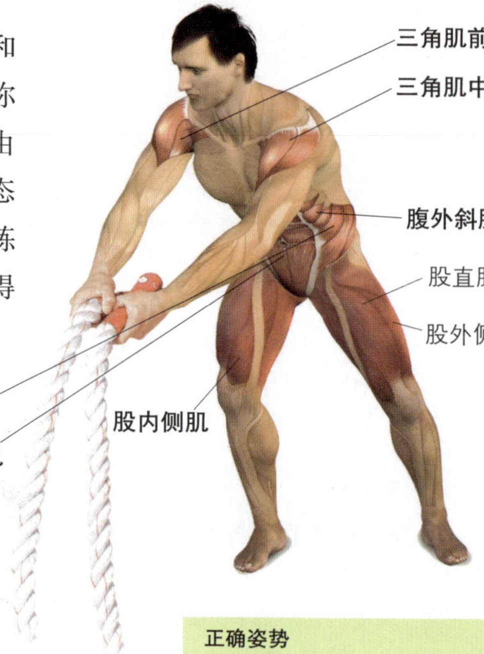

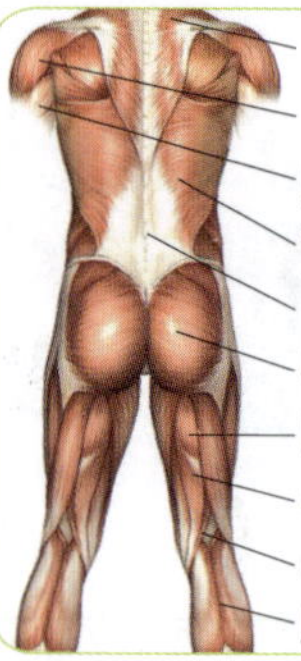

正确姿势
因为战斗绳非常重，很容易从手中滑脱，所以要用力抓紧它。
注意
避免核心肌肉松弛。腹肌需要非常紧张以保护下背部免于强力撞击。

- 双腿分开站立，膝部屈曲以保持平衡和运动幅度。
- 双手持战斗绳，将其甩向右侧。
- 然后将其甩向左侧，上身与髋和腿向相反方向旋转。

152 战斗绳交替波浪式

战斗绳交替波浪式是目前日常健身训练中最常见的甩绳方式。主要调动全身肌肉使其产生交替的波浪，也可以锻炼肱二头肌。

- 双足分开与肩部同宽站立，双手紧紧抓住战斗绳。
- 膝部微屈，一只手将绳子甩向空中，产生波浪。
- 然后，换另一侧。
- 两上肢持续交替，产生波浪，直至达到与绳子保持一致的节奏。

153 蹲姿战斗绳交替波浪式

双手持战斗绳，深蹲。当深蹲到底后，通过调动核心力量和腿部肌肉维持该姿势。然后用力地上下挥动绳子。

154 战斗绳跳蹲和下抛

双手持战斗绳，双足与肩部同宽站立。身体下降呈蹲姿，蹲到底后，伸直双腿爆发式跳起，将绳子向上甩，再甩向地面，回到蹲姿。

155 战斗绳交叉下抛式

膝部微屈，双手持战斗绳两端。两手同时将战斗绳末端在头顶上方画一弧线，在它们打在左侧之前将其拉向右侧。重复，两侧交替进行。

156 战斗绳向外翻转螺旋式

双腿打开，与肩部同宽站稳。抓住战斗绳，将战斗绳用力向两侧甩，使其离开身体向外侧翻转产生螺旋。

157 战斗绳拍击

双足打开，与肩部同宽站稳。抓住战斗绳，开始时将战斗绳向远离身体的方向甩。将战斗绳甩回相互拍击，形成拍手的动作。

158 战斗绳开合跳

这是一个具有挑战性的战斗绳训练方式，双手持战斗绳然后做标准的开合跳。跳起后双足分开，同时双手在头顶上方相触形成开合跳。

159 战斗绳双臂波浪式

双足分开与肩部同宽站立，起始时双上肢同时将战斗绳挥向空中，形成两个大波浪。持续向上挥动战斗绳，形成波浪，直至达到与战斗绳一致的节奏。当多次挥动战斗绳后，根据需要随意屈膝以维持平衡和支持绳子的运动。

- 挥动战斗绳时，紧紧抓住战斗绳，调动上肢远端的力量。
- 为增加挑战，试用最大的力量挥动绳子。
- 试着仅调动核心肌和下肢肌肉挥动绳子。每次产生波浪时，你应该感觉到腹肌向中心收紧。

160 战斗绳双臂猛甩式

双腿分开，膝部屈曲，做浅蹲姿势。用大幅度动作和强大力量将战斗绳甩向空中，然后将其用力甩向地面。

161 战斗绳蛇形

双足与肩部同宽分开站稳。紧紧抓住战斗绳，置于脚旁，起始时将绳子向相互靠近的方向摆动，使绳子在地面上呈蛇形。

162 战斗绳格斗抛

双足分开站立，膝部屈曲以维持平衡和动作幅度。双手持战斗绳，利用全部核心肌群将其向右甩，在身体一侧形成圆弧。然后将其挥向左侧，上半身左右旋转，而足绕轴心旋转。

163

双臂屈伸

在上半身健身计划中加入此动作会增强胸部和肱三头肌的力量。单独利用肘部作为动作的核心发力部位，可以将身体降低时的重量转移到上肢，上升时重量转移到胸部。大量的直腿凳上双臂屈伸可以使上半身更加稳定和强壮。

正确姿势

双臂屈伸是一个很有挑战性的动作。如果你可以维持身体姿势同时肘关节自由屈伸，就是一个很好的开始。

注意

避免肘部屈曲超过90°，这样会使肩部和肘部承受太大压力。

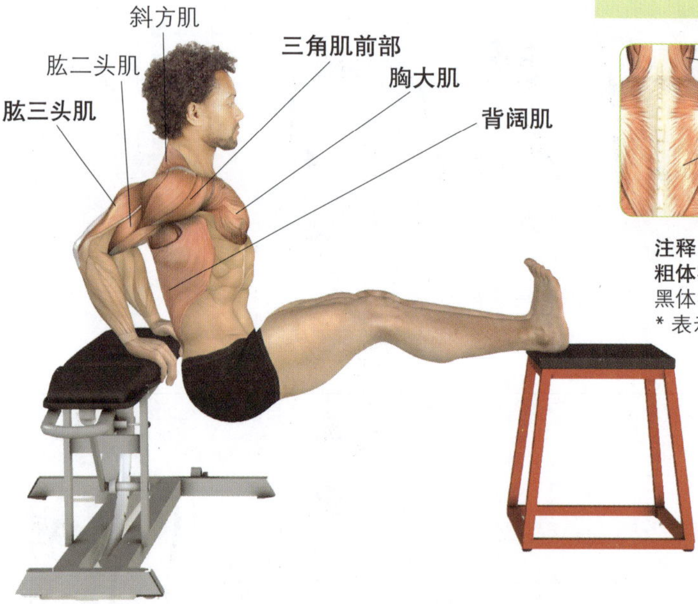

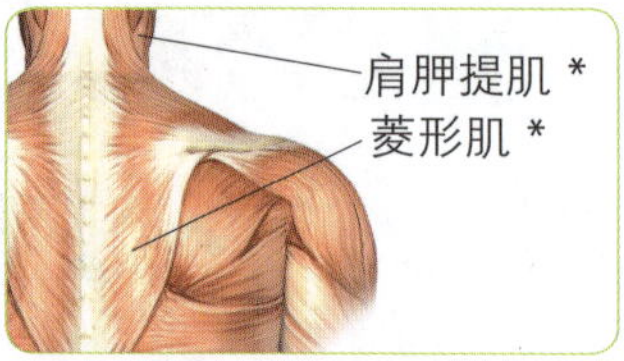

注释
粗体字表示目标肌肉
黑体字表示其他工作肌肉
* 表示深层肌肉

- 起始时紧紧抓住健身凳，双上肢伸直。
- 两踝部并拢。
- 缓慢降低身体，仅屈肘至90°。
- 向下推凳子，使身体上升回位，伸直上肢。

164 负重双臂屈伸

开始时紧紧抓住健身杠，上肢伸直。将负重球置于两大腿之间。缓慢降低身体，仅屈肘部，直到上肢呈 90° 。向下推健身杠，伸直上肢，使身体上升回位。

165 辅助双臂屈伸

如果你想做双臂屈伸时有一点辅助，可以试试这样做。在健身杠上固定一个弹力带、缆绳或瑜伽带，使其有一定张力。当做双臂屈伸时，用弹力带支撑在膝部。

166 肱三头肌长凳双臂屈伸

做这个动作时，将手放在低的凳子或台面上，然后将足抬高支撑在相邻的台面上，用这种姿势做双臂屈伸。这对初学者是很好的选择，确保你选的两个平面都很坚固稳定。

167

卷 腹

你会注意到卷腹中混合了一些仰卧起坐的训练。卷腹本质上是仰卧起坐的开始部分，做卷腹时，不用将上半身完全屈曲，而是将腹肌向下背部收紧，保持身体前后方向伸直且稳定地离开地面。腹壁缩短可以有效地增强构成核心的多层肌肉。

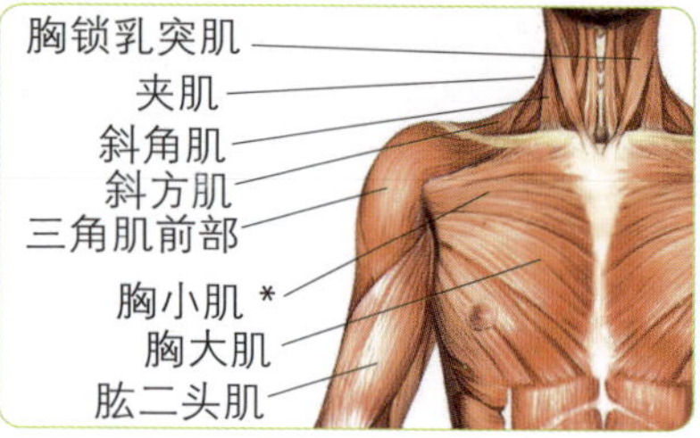

注释
粗体字表示目标肌肉
黑体字表示其他工作肌肉
* 表示深层肌肉

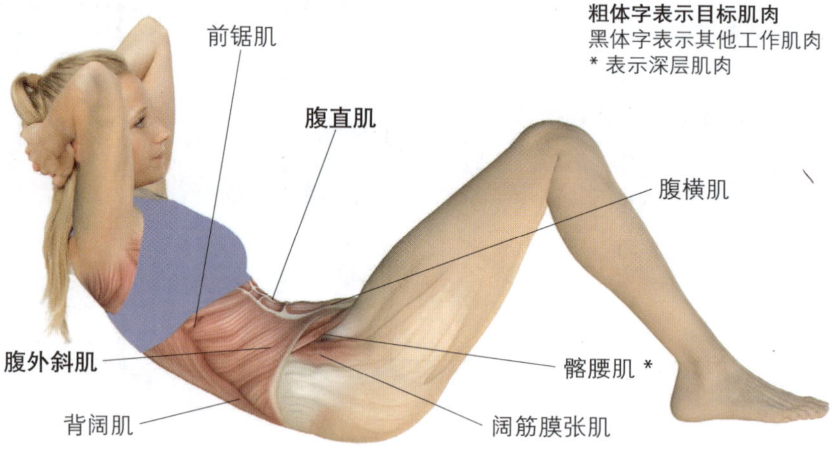

- 背部平躺，足沿地面向髋部内收约两个足长（60 cm）。
- 双手重叠放在头后方下部。
- 调动腹部肌肉，下颌屈向胸部，卷曲身体使上半身抬离地面。

正确姿势
保持下背部伸直贴在地面上，不要弓起脊柱使其抬离地面。

注意
颈部不要弯向胸部。即使不能使身体离开地面很多，也要保持颈部伸直。

168 交叉卷腹

仰卧起坐卷腹中，穿插一定的对抗练习，可以很好地训练神经敏感性，同时还能增强从背部向胸前走行的肌肉。健身中采用这种仰卧对角交替收膝的卷腹练习可以使腹肌和上背部肌肉更结实。

- 腿部弯曲并使之与臀部呈90° 。
- 身体调整到仰卧卷腹姿势并保持。
- 右腿慢慢伸直，上身往抬起的左腿方向做卷腹运动。左右两侧轮流完成该动作，并重复。

169 卷腹踢腿

仰卧于地面，做卷腹并弯曲右腿的动作。双手合抱屈腿后的右膝，切换到左腿后再屈膝。两腿交替完成该动作，并重复。

170 柠檬榨汁机式

开始时身体仰卧于地面。将双手放在后背两侧下方的位置，弯曲左腿。下腹发力完成卷腹动作。注意：请勿靠双手发力起身，仅靠腹部发力完成该动作。

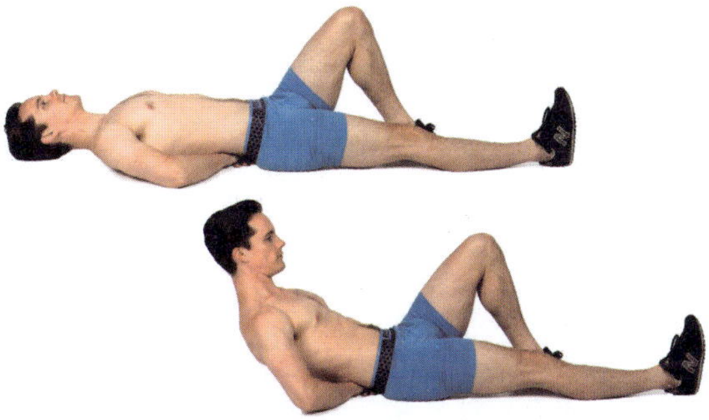

171 俄罗斯转体动作

完成侧转体卷腹动作的同时尽量伸直双臂。左右两侧交替转体，每次切换转体方向时膝盖保持不动。上半身呈一定角度的倾斜，核心肌群保持收紧。

172 站式屈膝卷腹

双足交叉站立。双臂向斜上方伸直，将左腿迅速用力收紧，同时双臂下摆至身后。该动作可以极大地提高身体整体协调性和平衡控制力。

173 麦吉尔卷腹

开始时身体仰卧于地面。将双手放在后背两侧下方位置，弯曲左腿。下腹发力完成卷腹动作。颈部伸直，面对弯曲的膝部并目视远方。

174 交替扭转卷腹

双腿屈曲并拢，将右足交叉放到左侧膝部。身体调整至卷腹时的姿势并保持该姿势。向左侧转体，身体下压完成扭转卷腹动作，然后将身体向右侧扭转。两腿交替，重复该动作。

175 侧卧抬腿卷腹

左侧着地侧卧。左手放在头后方，右手放在腹部。双足绷直，屈曲膝部呈 90° 。收腹抬腿，然后向右侧扭转完成卷腹动作。放下双足，重复上述动作。

176 脚踏车卷腹

腿部屈曲并使之与臀部呈 90° 。身体调整至卷腹时的姿势并保持该姿势。右腿慢慢伸直，上身往抬起的左腿方向做卷腹运动，使膝部向胸部收紧。

177 瑞士球负重卷腹

以后背下方为支撑点靠躺在瑞士球上。将负重球双手托起，缓慢向前弯曲上半身，腹部肌肉发力收缩。

178 锻炼腹肌百次法一

该锻炼方式源自普拉提。这是最简单的腹肌锻炼法。以卷腹运动中标准方式平躺。双腿并拢，双臂分别放在身体两侧。下腹用力向背部收紧，双臂向前伸且不触碰地板，完成卷腹动作。

179 锻炼腹肌百次法二

以卷腹运动中标准方式平躺。双腿并拢，双臂分别放在身体两侧。腹部肌肉发力，双腿抬起收缩呈直角。双臂前伸且不触碰地板，完成卷腹动作。

180 大腿前后摆动

双膝着地跪立，两腿稍稍分开。双手放在身体两侧，腹部和腿后部用力绷紧。腹部绷紧，双手放在两侧髋关节部位，上体向后仰并保持绷直。

181 反向卷腹

双腿并拢，双臂分别放在身体两侧。腹部肌肉发力，双腿抬起收缩呈直角。双臂贴地，双腿向胸部弯曲收紧，完成反向卷腹动作。

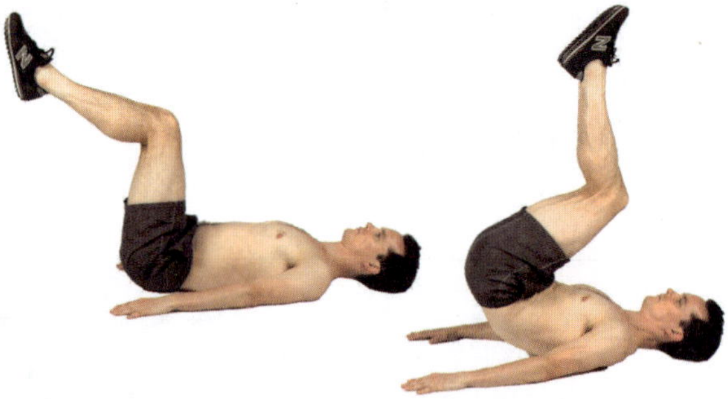

182 瑞士球垂直腿卷腹

双腿竖直并将瑞士球夹在两腿之间。双手放在枕后，用力收缩腹部，完成卷腹动作。双腿夹住瑞士球下降或抬起时，保持卷腹的状态。

183 轮流摸足跟

该动作对增强整个核心肌群大有裨益，尤其是两侧腹肌的效果最为明显。你既可以平缓地完成该动作，也可以加快节奏，在较快心率下完成该动作。无论哪种方式，都是健身运动前热身核心的好方法。

- 以卷腹运动中标准方式平躺。
- 双腿并拢，双臂分别放在身体两侧。
- 下腹用力向背部收紧，双臂向前伸且不要碰到地板。
- 完成卷腹动作，轻触右足跟的外侧，然后再触碰左足跟的外侧。

184 瑞士球辅助卷腹

仰卧位，双腿举起靠在瑞士球上，双手放于头后，足跟紧靠瑞士球。腹肌收紧，身体向上弯曲，完成卷腹动作。

185 椅子辅助卷腹

坐在牢固的椅子上，双手紧握椅子两侧，臀部挪到椅子前侧位置。下腹肌和核心肌肉收紧发力，膝部向上贴近胸部。保持该姿势一段时间，放下双腿，重复。

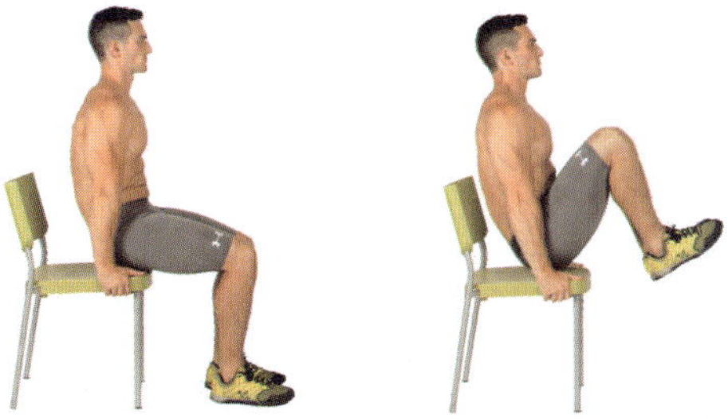

186 平衡球辅助卷腹

完成平衡球辅助卷腹动作时，下背部和核心部位靠在不稳固的柔软表面保持平衡，加入这种不稳定的元素，平衡球有助于锻炼核心肌群和背部下方的平衡感，腹部肌肉可以得到更深层的锻炼。

- 仰卧在平衡球上，平的一面放在地板上。
- 后背向下按压平衡球，并将双手置于枕后。
- 上身向上抬起完成卷腹动作。

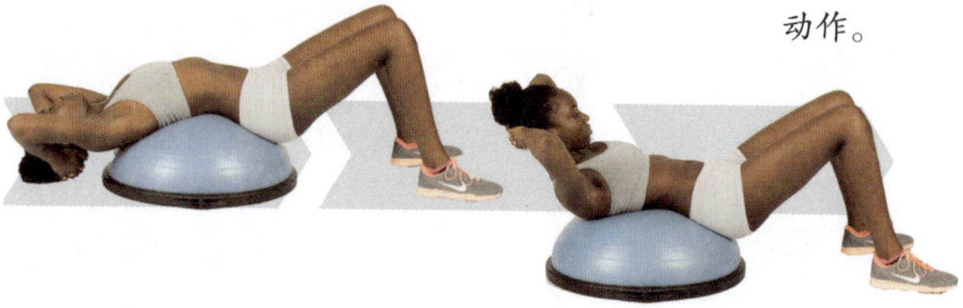

187 平衡球辅助脚踏卷腹

仰卧在平衡球上，后背上方为支撑点。腿部弯曲并使之与臀部呈 90° 。身体调整至卷腹时的姿势并保持。收缩腹肌，抬起左腿，伸直右腿，上身向抬高的左腿侧扭动收紧。双腿轮流完成该动作，并重复。

188 平衡球辅助侧卷腹

双臂交叉于胸前坐在平衡球边缘。后仰、屈膝。保持仰卧起坐姿势，腹斜肌发力收紧，直立坐起，上身向右扭转。两侧交替，并重复该动作。

189 平衡球辅助单腿健腹

躺在平衡球上，双手放在枕后，伸直右腿。右腿弯曲时，腹部发力收紧呈仰卧起坐姿势，让胸部向右侧膝部靠近。

190 平衡球腹部回卷

直立坐在平衡球上。使尾骨陷入平衡球中间位置以保持身体平衡。保持双足着地，慢慢向后仰，一直到无法继续后仰时再慢慢坐起。

191 平衡球腹部扭动

坐到平衡球上保持身体平衡，保持卷腹动作，同时尽量伸直双臂。左右两侧交替转体，每次变换转体方向时膝盖保持不动。上身呈一定角度倾斜，挑战核心肌力。

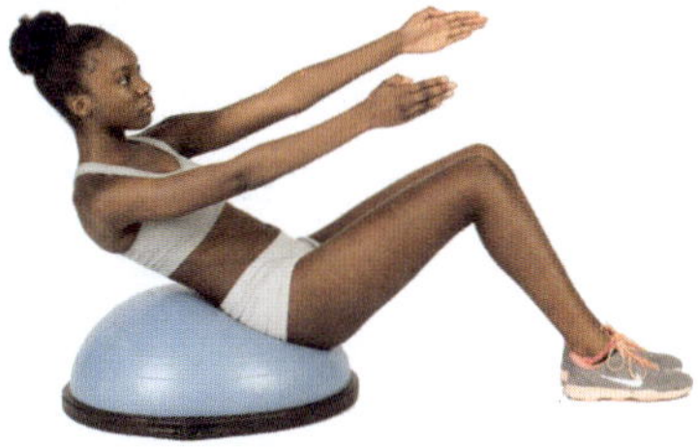

192 海绵柱辅助斜卷腹

头和脊柱靠在海绵柱上。伸腿，收腹并起身。同时抬起右腿，将左臂举过头顶。左臂斜向右前方着力以触碰右足。

193 下斜侧卷腹

双足扣贴斜板基座向下。后仰，然后腹肌发力。双手放在枕后，采用仰卧起坐姿势向右扭转身体，直到无法继续转动身体为止。双腿轮流完成该动作，并重复。

194 手持负重球卷腹

仰卧位，拿起负重球，双手扣紧。双足弯曲指向天花板并使之与臀部呈 90° 。腿部姿势保持不动，下颌向腿部靠拢，腹部发力采用仰卧起坐动作坐起，将负重球沿小腿上举到足背位置。

195 倾斜仰卧起坐

直立坐起，核心肌肉发力绷紧。双腿张开，双足距离略宽于肩部。双手扣住负重球，慢慢地平躺在地板上，双臂努力向左前方伸直。每次动作中，将负重球举过头顶，然后仰卧起坐。身体扭向另一侧，并重复。

196 平衡木辅助卷腹伴随抬腿

平躺在平衡木上，双腿弯曲。双手举过头顶后握住平衡木，然后收紧下腹。双手放枕后，做好卷腹准备。大腿内侧同时发力，右腿伸直；完成卷腹动作。双腿交替，并重复。

197 蹦床辅助的交替对角卷腹

躺在蹦床上，双足着地，双手放在枕后。卷腹并扭转躯干。扭转并同时抬高躯干，膝部屈向胸部。肘部内侧触碰膝部，两侧交替进行。动作完成需快速且有节奏。

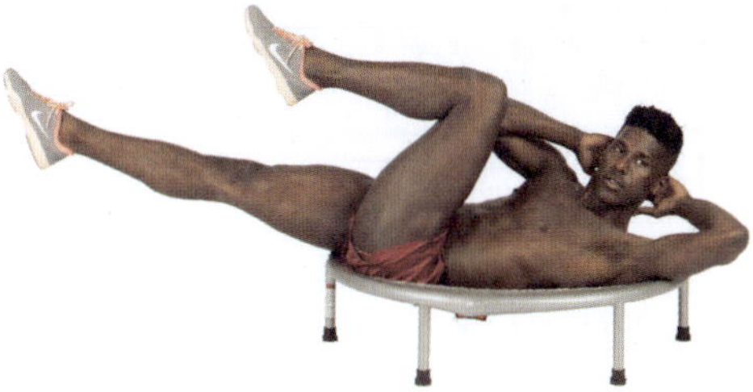

198 手提箱式卷腹

该卷腹动作旨在锻炼腹横肌、腹部斜肌及遍布上身的多层腹部肌肉。该动作旨在使双腿交替和上身并拢，动作到位时形同手提箱。负重球可以增加该动作的难度。

199 触足趾

身体平躺于地面。取一个健身球，双手将其握紧。双足屈曲指向天花板并与臀部呈90° 。腿部姿势保持不动，下颌向腿部靠拢，腹部发力上身倾斜坐起呈卷腹状，使健身球触碰你的足尖。

200 倾斜后仰动作

坐在地板上，双膝微曲并打开。足底触地。尽量展开双臂，使身体朝前。倾斜并向左侧转动身体，同时确保双臂张开，身体向地板侧后仰。

201

仰卧起坐

在所有健身动作中，仰卧起坐属于经典动作。运动员和演员经常通过仰卧起坐健身和增强上半身力量。仰卧起坐能锻炼每块核心肌肉，从多层腹肌到后背都能得到锻炼。不仅可以强化支撑脊柱的所有肌群，同时还能提升上半身和下半身的动作灵活性。

注释
粗体字表示目标肌肉
黑体字表示其他工作肌肉
* 表示深层肌肉

正确姿势
做仰卧起坐时，脊柱要全面发力。这样可以确保腹部每块肌肉都能得到锻炼。
注意
抬起身体时请勿用双手拉颈部。该动作的发力点来自腹部核心。

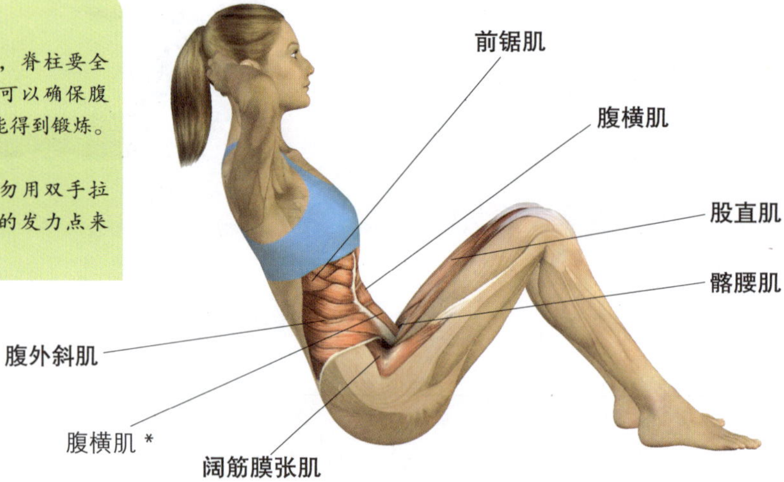

- 平躺在地板上，双足向臀部方向收拢约 60 cm。
- 双手重叠放于枕后。
- 腹部发力，下颌向胸部靠拢，上卷身体直到躯干离开地板并与地板垂直。

202 负重球胸前推举仰卧起坐

仰卧在地板上，双腿弯曲。开始时负重球放在胸口中间位置。腹部发力收紧，上半身呈仰卧起坐姿势向上弯曲。动作到位后，对角线方向将球推向外侧。

203 两侧交替仰卧起坐

仰卧，双腿微微屈曲，双手紧握置于枕后。足跟撑地，腹部收紧发力，使躯干抬升离地并向右转动，从而使肘部碰到对面膝部。躯干缓慢下降，身体扭向另一侧并重复该动作。

204 卷曲向上动作

以标准仰卧起坐姿势平躺。双腿并拢，双臂分别放在身体两侧。核心肌群发力，腹部向后背收紧。双臂前伸并离开地面，呈坐位姿势。

205 负重球仰卧起坐

仰卧在地板上，双腿伸直。开始时，负重球放在胸部中间位置。收紧腹部，用仰卧起坐的动作抬升躯干。然后慢慢向后卷曲身体直至平躺，再重复动作。

206 直腿仰卧起坐

如果你希望腹部核心得到更深层锻炼，可在仰卧起坐时增加腿部和背部伸展力度，不妨试试直腿仰卧起坐。该仰卧起坐要求腘绳肌和臀部具有相当的灵活性。

- 开始时，平躺在地板上，双腿伸直。
- 双手将负重球举过头顶，放于地面。
- 腹部用力收紧，将胸前负重球向上举起，尽量将其往上举，直到仰卧起坐躯干与地面垂直的位置。
- 负重球垂直举过头顶，再后仰至平躺。

207 平衡球仰卧起坐

坐在平衡球的边缘，平的一面放在地板上。平衡球能增加平衡元素并对下背部起支撑作用。开始做仰卧起坐。

208 海绵柱仰卧起坐和伸展

在海绵柱上做仰卧起坐是最具挑战性的仰卧起坐之一。滚筒状的海绵柱要求你在保持身体平衡的同时，还要确保海绵柱始终都与脊柱接触。其他动作与普通仰卧起坐相同，但双腿分开稍大，这样有助于保持平衡。

209 负重球 V 形上举

开始时，平躺在地板上，双腿伸直。双手将负重球举过头顶放于地面。腹部发力屈曲，并将负重球向胸前移举。同时双腿保持前伸慢慢翘起，双臂尽力向双足靠拢。

210 仰卧起坐掷球

开始时，平躺在地面上，双腿弯曲。双手扣住健身球举过头顶，放在地面。腹部用力收紧，用仰卧起坐的动作抬起躯干。在仰卧起坐到位时，将健身球在胸前向斜上方推出。

211 侧抬腿屈曲

开始时，左侧贴地侧卧。左手放在枕后，右手下垂贴腿侧放置。双腿向侧上方屈曲，身体伸展呈一条直线。腹部发力，双腿抬起，右侧腹部侧屈。放下双足，再重复上述动作。

212 土耳其起立

平躺在地板上，右膝弯曲，右足着地。右臂上举，左臂撑在地面上。慢慢举起右臂，卷曲身体仰卧起坐，把左足放在地面上，然后站立。

213

平板支撑

平板支撑是瑜伽、普拉提、芭蕾舞和健美操等几乎所有健身动作中的核心锻炼。平板支撑时身体悬空，需要以双臂和足掌为支撑保持平衡。该动作可以保持腹部强健，增强核心肌群，对加强下背部稳定性和缓解背部疼痛也大有裨益。

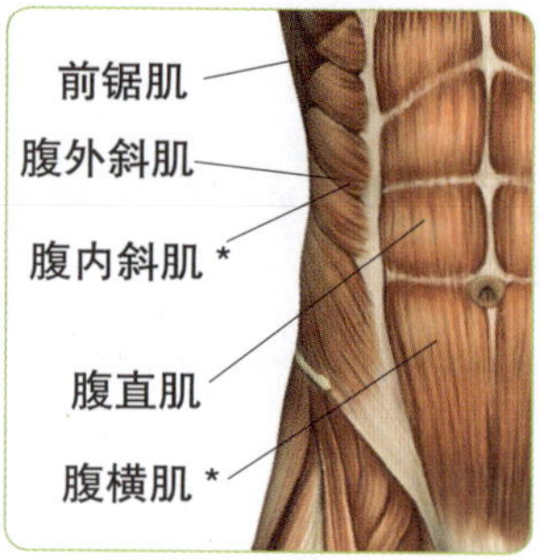

注释
粗体字表示目标肌肉
黑体字表示其他工作肌肉
* 表示深层肌肉

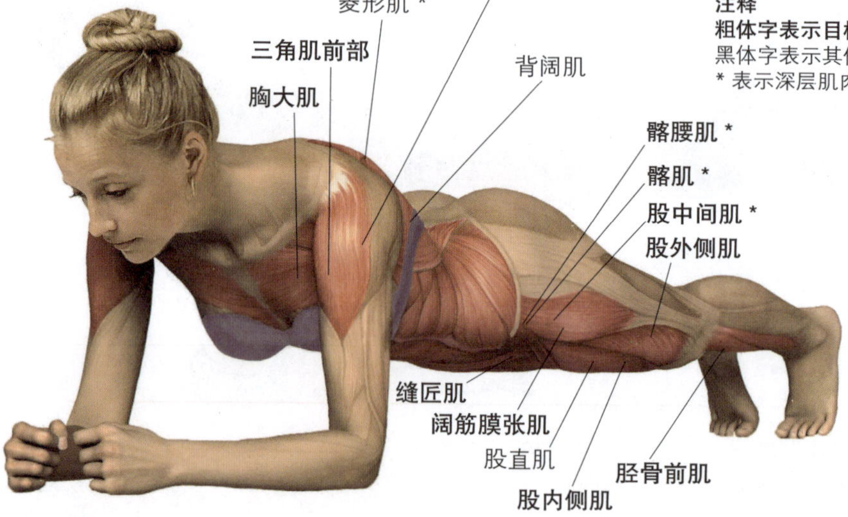

- 以两前臂和足掌为支撑保持平衡。
- 腹部用力向上收紧，使其离开下方的地面。
- 从足部开始直到头顶，伸展拉长脊柱。

正确姿势
平板支撑时尽量保持身体平直，意念想象身体以腹部为中心向各方向伸展。
注意
颈部和肩部尽量放松，眼部无须远望。眼神自然柔和，向下看。

214 单平板支撑

以两前臂和膝部为支撑保持平衡。腹部发力向上收紧。头部向远离足部的方向伸展，尽力拉伸脊柱，大腿降低置于地面。

215 高位平板支撑

该平板支撑中，双手打开与肩部同宽。腹部用力向下背部收紧，双膝并拢向下触碰地板，将双膝一起慢慢向下叩地，然后缓慢伸直。

216 前臂平板支撑

按照向上平板支撑的动作，以两前臂和足掌前部为支撑保持平衡。腹部发力向上卷曲。头部远离足部，伸展脊柱。

217 侧身平板支撑

左髋部着地而坐。左手伸出，撑起髋部，呈侧身平板支撑的姿势。右臂放在右侧大腿外侧。左右髋部轮流着地做侧身平板支撑。

218 T 形稳定动作

开始时的动作和平板支撑相同，双手掌撑地。双足并拢重叠，将足部重量转移到一只足上。上半身伸展开，用一只手斜撑身体，借助身体和腹部力量保持身体稳定平衡。

219 转体

开始时动作与 T 形稳定动作相同，右手斜撑地面，将双足并拢重叠，左臂伸展开。保持呼吸，将身体两侧肌肉向中央收紧，扭转上体，用左臂去触右臂。

220 平衡木 T 形稳定动作

开始时，和标准平板支撑一样，双手撑在身下的平衡木上。身体向右侧张开，将双足叠放在一起。上身伸展开，用左手支撑并平衡身体，借助体侧和核心力量保持稳定。

221 平板支撑后仰

挺直站立。腹肌拉伸，并收紧核心肌肉。髋部弯曲，双手触地。双足保持不动，双手向前使身体呈平板支撑姿势。保持该姿势少许时间后，双手收回并直立身体。

加强

平板支撑是最简单的动作。对维持下背部稳定性的深层内部核心肌肉的训练效果显著。平板支撑对提高形体美、平衡性及减少背痛均有良好效果。

222 双手爬行动作

开始时，双足与肩部同宽站立。髋部弯曲，双手触地。每只手往前爬。身体呈平板支撑姿势时，保持一段时间。然后每只手往后爬，重复该动作。

223 指针动作

左臂呈下垂姿势，然后向前伸直，同时抬起左腿，直到整个身体从足趾到肩部在一条直线上。动作到位后停止，然后缓慢下降至下垂姿势。身体扭向另一侧重复该动作。

224 屈膝平板支撑

开始动作为常规平板支撑，核心肌肉用力收紧，使右侧膝部向胸部靠拢。身体保持平板支撑姿势，将足向外向上竖起指向天花板，确保腹部与核心肌肉伸展并发力。

225 高举平板支撑

手掌向下，身体呈标准高位平板支撑姿势并保持平衡。髋部翘起，上身缓慢下降，同时右腿抬起指向天花板，使之与身体呈一条直线。腿慢慢放下使身体恢复为平板支撑姿势。换另一侧，重复。

226 平衡木侧身平板支撑触碰

开始动作为侧身平板支撑，将双足并拢交叠，左手掌撑住平衡木，右臂张开。先吸气再呼气，将身体两侧向腹部弯曲，扭转上身，用左臂去够右臂。

227 双足跳开并拢的高位平板撑

开始时，双腿、双臂伸直。身体重心在双手，腹部发力，双足跳开。双腿弹跳并拢，重复该动作。

228 瑞士球腹横肌锻炼

该动作可以锻炼腹部深层肌肉。上身重量集中到前臂，同时在瑞士球上保持身体平衡。向瑞士球球心方向推球，深度挤压腹肌。

229 腹部发力髋关节抬升

开始时平躺在地板上，双腿伸直向上。足踝交叉放置，手臂放在身体两侧的地板上。下腹发力向背部收紧，髋部向上抬升，并使足后跟指向天花板。

230 平衡木腿部抬升动作

平卧在平衡木上，双腿从髋部开始向外伸直。双手举过头顶后握住平衡木，然后下腹收紧。双腿竖直指向空中，足尖上指。平躺在平衡木上，腹部用力向下挤压，将双腿缓慢放下至起始位置。

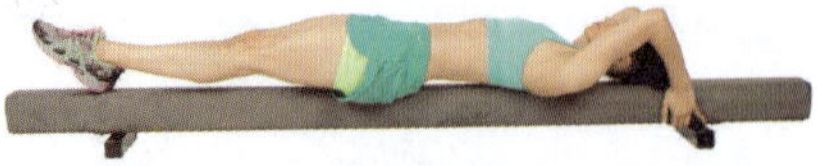

231 髋部转动

该动作涉及不经常获得锻炼的深层内部核心肌肉。双腿抬升到空中，稳定深层核心，可以增强腹部内外肌群的力量。

· 坐在地上，双足尽量向前伸直。
· 后仰，让双臂和双手承受一定重量。
· 下腹卷曲，将双腿抬升至上空，双足屈曲。
· 挺胸并将双腿在两侧摇摆。

232 抬腿前侧平板支撑

前平板支撑很有挑战性，因为该动作需要身体各部分肌肉发力，以使身体保持完美的平衡。骨盆和髋部转动时可以锻炼肩部和上背部。

· 开始坐在地板上，双腿向前伸直。
· 双手放在髋部后侧，向下撑地。
· 腹部用力，抬起髋部。
· 抬起右腿并将其放下，然后抬起左腿再将其放下。双腿轮流完成该动作。

233 抬腿反向平板支撑

将腿尽量向前伸展，双手放在髋部下方。足跟向下用力，向上抬升髋部，完成反向平板支撑。平衡双手和足跟之间的重量，轮流将每条腿向上抬。

234 游泳动作

面部朝下俯卧于地板上，双臂举过头顶展开，双腿绷直。背部下方发力，将右腿抬起，同时左臂用力向前伸直。双臂、双腿轮流完成动作，像游泳一样。

235 超人动作

在瑜伽垫上将身体伸展开。双臂合拢举过头顶，双腿向大腿内侧使劲并拢。腹部猝然发力，双手、双足同时抬起。

236 超人动作进阶

趴在地板上。双臂屈曲，双手托住颈部下方。大腿内侧绷紧，腹部猝然发力，上身和双腿同时抬起。

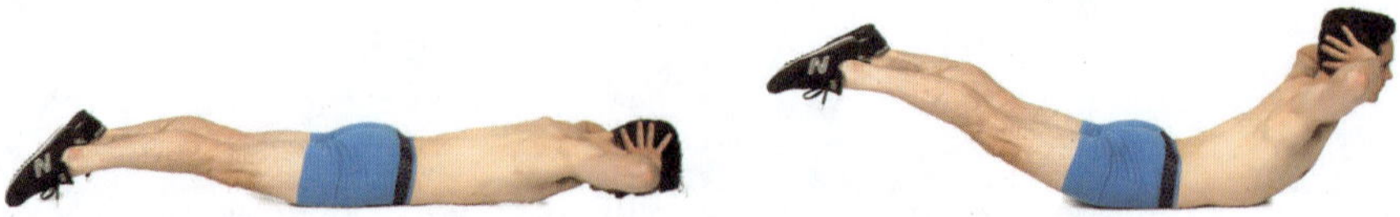

237 负重超人动作

双手扣住负重球做进阶超人动作。俯卧于地板上，双手拿住健身球。双臂向前伸展，双腿向后伸，身体两端抬高离开地面。

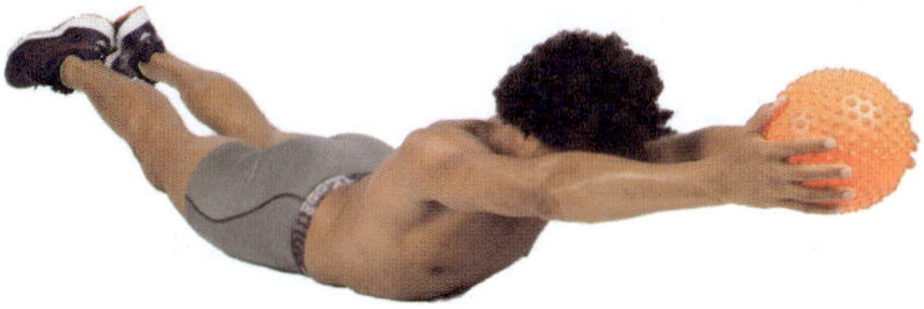

238 平衡球超人动作

面朝下趴在平衡球上。双臂屈曲，双手托住颈部下方。大腿内侧绷紧，腹部猝然发力，上身和双腿同时抬起。

239 泡沫轴辅助转出

这也属于平板支撑的一种。泡沫轴辅助拉伸很有挑战性，因为该动作需要身体各部分肌肉发力，以保持身体完美的平衡性。泡沫轴辅助外展动作可以锻炼肩部和上背部。

- 开始时，坐在泡沫轴上，双腿向前伸直。
- 双手放在髋部后侧的地面上，向下撑地。
- 向后上方提升髋部，向前弯曲脊柱。

240 泡沫轴辅助平板支撑

双手撑在泡沫轴上保持身体平衡。如果你的手腕或肘部力度较小，泡沫轴是一种很好的替代平衡球的健身器械。泡沫轴底座更稳定，比平衡球更容易平衡。

- 使身体与泡沫轴垂直放置。
- 双手与肩部同宽按在泡沫轴上。
- 做该组平板支撑时，双足和双手应均匀承受身体重量。

241 泡沫轴平板支撑

双腿下方放在泡沫轴上，双膝着地。双肘着地与肩部同宽，双腿向后伸展，将重心转移到双腿前侧。腹部用力收紧。

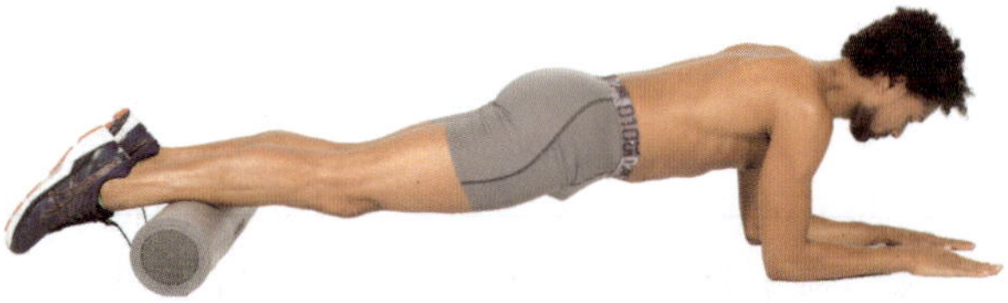

242 滚动泡沫轴平板支撑

将泡沫轴放在胫骨下方，呈标准平板支撑姿势。双臂伸直，双手平放在地面上，身体重心前移，核心向背部收紧，膝部弯曲，卷曲双腿朝向胸部。

243 平衡球平板支撑并向外敲击

该变式有利于稳定核心和下背部。如果你被下背部疼痛困扰，该锻炼方式大有裨益。平板支撑下，利用非稳定表面和自身体重，可以锻炼出强壮的腹肌，以支撑整个核心。

- 将平衡球拱起的球面一侧朝上。
- 身体呈前臂平板支撑姿势（#216），足掌前部位于平衡球中心位置。
- 身体呈一条直线，将右足伸向平衡球外侧边缘，然后左足跨出。
- 右足和左足依次重新放回平衡球上。尽可能多地重复该动作。

244 平衡球髋部抬高侧身平板支撑

做侧身前臂平板支撑姿势，将足支撑在平衡球中心。另一只手放在髋部休息。缓慢降低和抬高髋部，使其贴近地面再抬起。这是稳定下背部和核心力量极好的训练方法。

245 平衡球髋部和单腿抬高侧身平板支撑

做侧身前臂平板支撑姿势，将足支撑在平衡球中心。另一只手放在髋部休息。向空中抬起左腿，同时右腿压向平衡球。双足并拢，降低髋部到地面。重复动作。

246 平衡球前臂平板支撑

起始时平衡球平面朝下。将前臂并拢，十指相扣，置于平衡球中心。伸直腿呈平板支撑姿势，双侧足掌支持体重。用力收紧腹肌。

247 平衡球剪刀式平板支撑

起始时平衡球平面朝下。将前臂并拢，十指相扣，置于平衡球中心。伸直腿进行平板支撑，双侧足掌支持体重。将腿向外分开再并拢，重复动作。

248 平衡球蜘蛛人平板支撑

起始时平衡球平面朝下。上肢支撑在平衡球上开始平板支撑，十指相扣。前臂压向平衡球。先将左膝部靠近左肘部，再将右膝部靠近右肘部，两侧轮流进行。

249 平衡球上肢伸直平板支撑

起始时平衡球平面朝下。双手并拢，上肢伸直，置于平衡球中心。伸直双腿进行平板支撑，将重量置于双侧足掌。

250 平衡球单腿平板支撑

起始时平衡球平面朝下。双手并拢，上肢伸直，置于平衡球顶部中心，进行平板支撑。重量置于双侧足掌，抬高右腿。双腿交替，保持核心发力。

251 平衡球支撑上肢，髋部抬高侧身平板支撑

左髋坐位，双腿伸直。将左前臂放在平衡球上，抬高髋部，进行侧身平板支撑。将右手放在右髋部休息。髋部交替坐下和抬起。

252 平衡球侧身平板支撑伴肩侧举

将左前臂放在平衡球中心。左上肢支撑，抬高身体进行平板支撑。右手持哑铃，展开右上肢至身体右侧。将哑铃带到左肋下，然后再展开右上肢回原位。

253 平衡球侧身平板支撑伴腿抬高

将左前臂压在平衡球中心。身体伸直，使头和足在同一直线上做侧身平板支撑。将右手放在右髋部休息，向上打开右腿。

254 平衡球高位侧身平板支撑

将左手放在平衡球中心。保持身体平衡，用左上肢支撑进行平板支撑。将右手放在右髋部。动员深层核心肌肉以维持侧身平板支撑。

255

瑞士球仰卧臂屈伸

肱三头肌是上肢后方的肌肉，位于肘部和肩部之间。在该训练和下面的一些训练中，我们主要对肱三头肌进行塑形和力量增强。

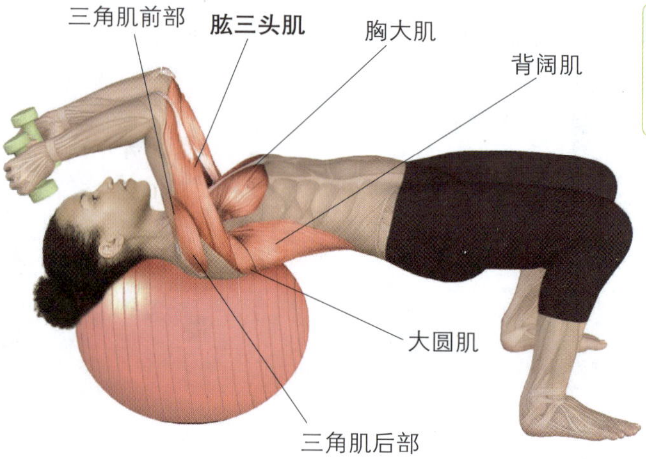

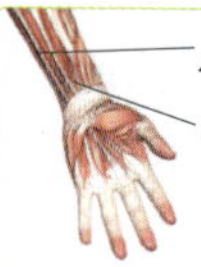

正确姿势
当锻炼肱三头肌时，确保调动所有核心肌肉来维持上肢稳定，从而使其得到最大效率的锻炼。

注意
避免训练中过度活动上肢。使动作仅发生在肘部。

注释
粗体字表示目标肌肉
黑体字表示其他工作肌肉
* 表示深层肌肉

- 在两肩之间放一瑞士球支撑上身的重量。
- 双手持哑铃，置于胸部正上方。
- 仅活动肘部，屈曲上肢呈直角。伸直上肢，重复。

256 曲杆杠铃仰卧臂屈伸

结合曲杆杠铃可以锻炼肱三头肌、胸肌和上背部。曲杆杠铃是比哑铃更重的器械，对上身训练来说是更大的挑战。需要使用手掌相对身体向外的标准抓取姿势。

- 起始时曲杆杠铃位于胸部上方，上肢伸出。
- 屈肘关节，使杠铃缓慢朝头部下降，然后将其举起，回到原位。

257 仰卧单臂屈伸

起始时仰卧在长凳上，双腿分开。右手持哑铃直接向上伸至胸部正上方位置。利用左上肢扶住右侧肱三头肌，这样就可以清楚地感受肌肉的活动。屈肘部降低哑铃到头后方，然后缓慢抬高上肢，回到起始位置。

258 壶铃举杯高翻

该动作可以锻炼整个上肢，而不仅限于肱三头肌。站直，收紧腹肌，肩部压向中背部。使壶铃可以在身体两侧自由摆动。将右侧壶铃上推至与胸部呈 90° 。左右交替，重复。

259 瑞士球头顶哑铃臂屈伸

坐在瑞士球上，利用腹部支撑，伸直脊柱。双手各持一个哑铃，将其举过头顶与耳位于同一直线上。仅屈曲肘部，使哑铃触到肩部。

260 弹力带头顶臂屈伸

将弹力带固定在足下。收腹站直，重心在足掌上。从肩部后方拉弹力带至头顶正上方。

261 仰卧臂屈伸

仰卧于长凳上，双手持哑铃置于胸部两侧。调动肱三头肌和肩部力量，沿胸部向上推哑铃，伸直上肢。缓慢降低回原位。

262 卷腹三头肌上举

仰卧于地板上，脊柱自然伸直。双手抓住运动棒或杠铃杆置于头部正上方。收缩腹肌，平滑地卷起上半身，保持上肢伸直，且杆高于头部。缓慢地退回起始姿势。

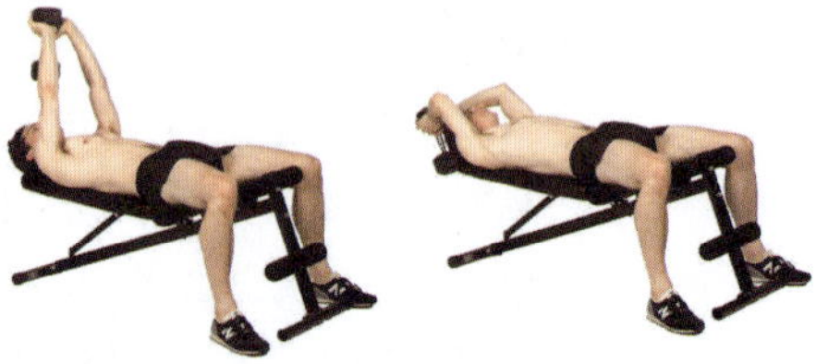

263 窄握哑铃臂屈伸

身体伸直躺在长凳上，双腿稍微分开。双手持哑铃，置于头顶上方。深屈肘部，伸直上肢到胸部上方，然后再次屈上肢。

264 缆绳屈臂下压

面对缆绳站立，抓住缆绳的握把。收腹，向下拉握把。缆绳的两端应位于骨盆两侧。缓慢地使缆绳再次抬高 。

265 瑞士球单臂后伸

双膝跪地，左前臂放在身体前方的瑞士球上，另一只手持哑铃置于大腿前方，缓慢向后伸。维持 2 秒，收缩肱三头肌。缓慢回到起始位置，重复此动作。

266 弹力带后伸

将弹力带固定在两足中部下方。收腹屈髋，重心在足掌上。将弹力带拉向胸部，然后向后伸直上肢，与髋部平齐。

267 头顶单臂弹力带拉伸

将弹力带固定在右足中部下方。收腹，重心在足掌上。右手从肩后方拉缆绳至头顶正上方。换另一侧，重复。

268 单臂弹力带下压

将弹力带固定在左足中部下方。使缆绳越过右肩后方。右手从右肩后方将缆绳拉向地面。换另一侧，重复。

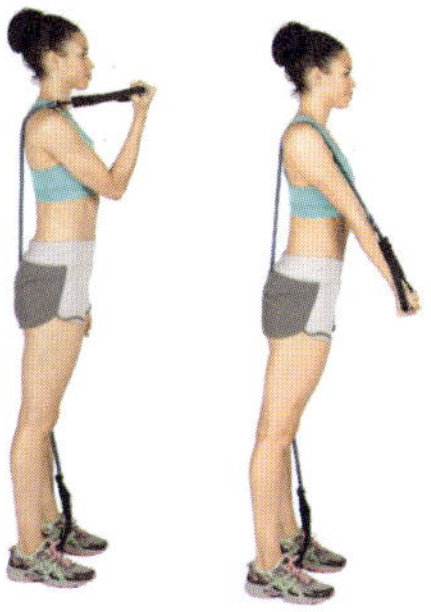

269 弹力带转体提拉

将弹力带固定在右足下方，双足分开，与肩部同宽站立。两手持弹力带面向前，身体转向右侧，向两侧张开肘部同时提拉弹力带。

270

瑞士球屈髋

瑞士球屈髋是平板支撑和腹肌等长训练的良好结合。利用瑞士球作为下半身动作的移动支撑，可以增强腹壁力量和增加骨盆稳定性。

注释
粗体字表示目标肌肉
黑体字表示其他工作肌肉
* 表示深层肌肉

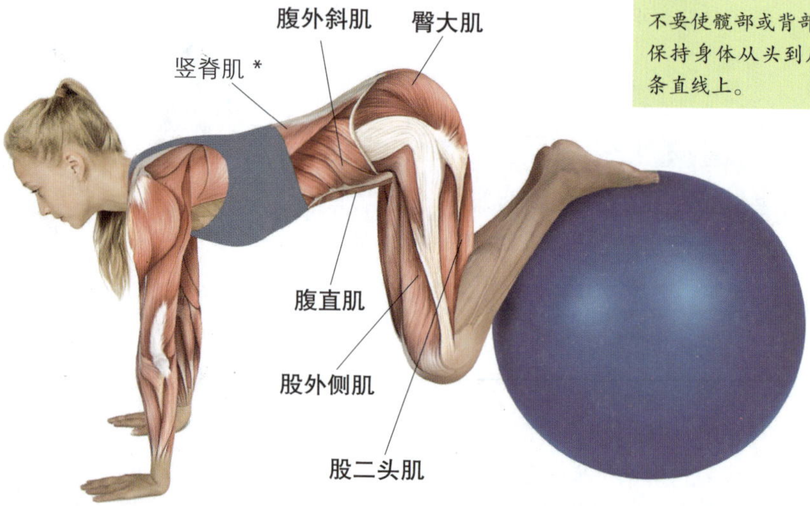

正确姿势
用力收缩腹肌以维持平板支撑和保持平衡。

注意
不要使髋部或背部弓起，保持身体从头到足在一条直线上。

· 以平板支撑姿势起始（#213），上肢完全伸直。双足放在瑞士球上。

· 收缩腹肌将膝部拉向胸部，利用双足使球随之滚动。

271 瑞士球前滚 / 滚出

将上身力量集中在前臂，放在瑞士球上。将伸直的膝部降低，用前臂推瑞士球，强烈收缩腹肌，将球滚向身体前方。

272 瑞士球屈体

以稳定的平板支撑姿势起始，将双足支撑在瑞士球中心。收缩下腹部和腰部，屈髋。使瑞士球滚向身体，髋部抬高。

273 瑞士球手部行走

上肢完全伸直，做平板支撑姿势。屈髋，下身抬高。维持屈体姿势，用力收腹，向右侧移动手，然后向左侧，再放下。

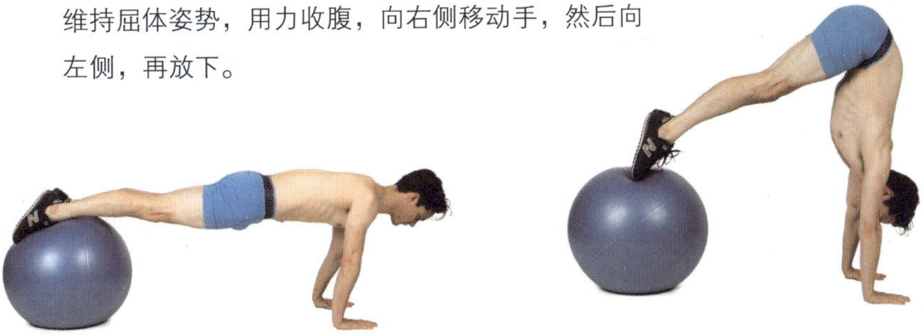

274 健身球屈体

以稳定的平板支撑姿势起始，用健身球支撑双足。调动下部腹肌和腰部肌肉，屈髋。使球朝身体方向滚动，髋部抬高。

275

泡沫滚筒卷腹

泡沫滚筒可以移动，是一种不稳定的支撑。利用泡沫滚筒辅助核心训练是协调各个肌群的很好方式，这样可以通过一种动态方式使所有肌肉同时得到锻炼。

正确姿势

从头到髋部保持直线，可以保证只针对核心锻炼。

注意

不要使身体重量过多地停留在泡沫滚筒上。你需要轻松地将滚筒滚进和滚出。

注释

粗体字表示目标肌肉

黑体字表示其他工作肌肉

* 表示深层肌肉

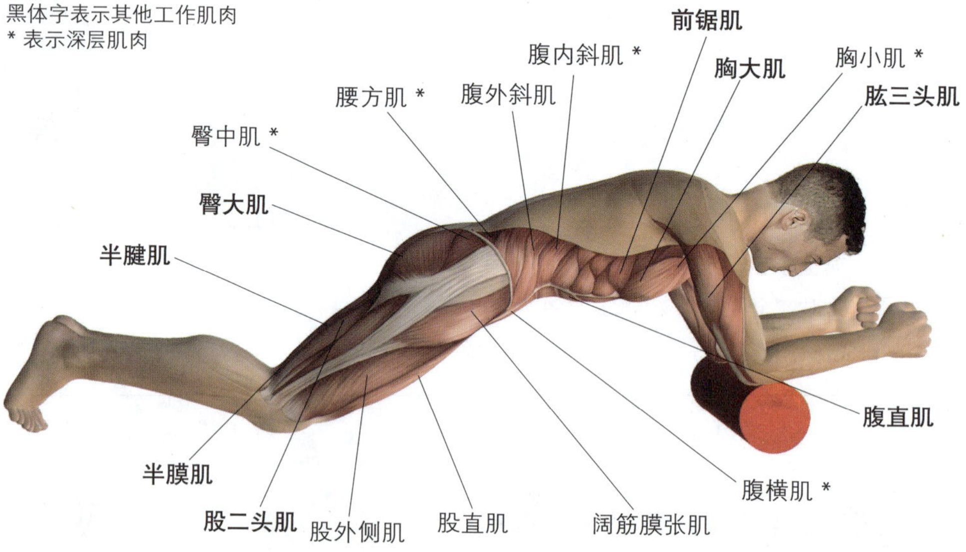

- 前臂置于泡沫滚筒上，做前臂平板支撑。
- 双膝跪地，利用腹肌将泡沫滚筒向内拉，使泡沫滚筒从肘部滚向手掌。

276 肱三头肌外滚

在这种姿势中，你可以利用泡沫滚筒锻炼上肢后部。通过标准平板支撑姿势，将重量集中到肱三头肌上，可以稳定肩部和增强胸部及核心力量。

- 起始时双膝跪地，手放在泡沫滚筒上，上肢伸直，利用腹肌支撑。
- 利用腹肌将泡沫滚筒向正前方滚动，使前臂接触滚筒。

277 健腹轮外滚

双膝跪地，健腹轮置于两手之间。膝关节稍微分开，利用腹肌并紧张核心肌肉，使身体重心随健腹轮一起向外滚。完全伸展时稍暂停，再往回滚。

278 健身轮斜向外滚

跪撑位，双手握住健腹轮两端手柄。双膝略分开与髋部同宽，收紧腹部与核心肌群，用一侧腹肌控制动作，身体随健腹轮斜向外推出。

279

肩带支撑悬垂举腿

肩带支撑悬吊，使用身体的重量来增强力量。保持上半身稳定不动，下半身可以自由地活动，强化核心训练。

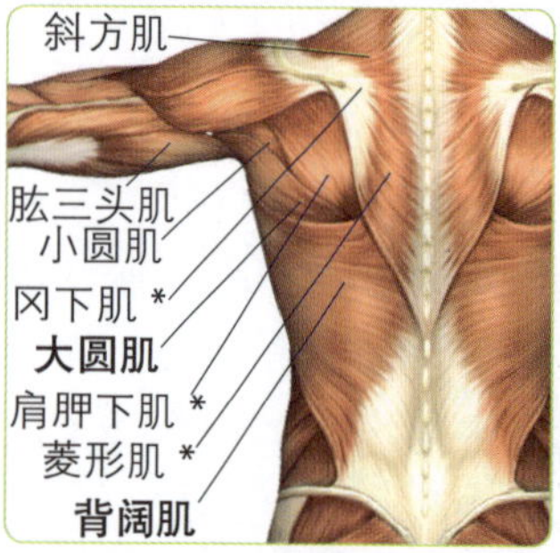

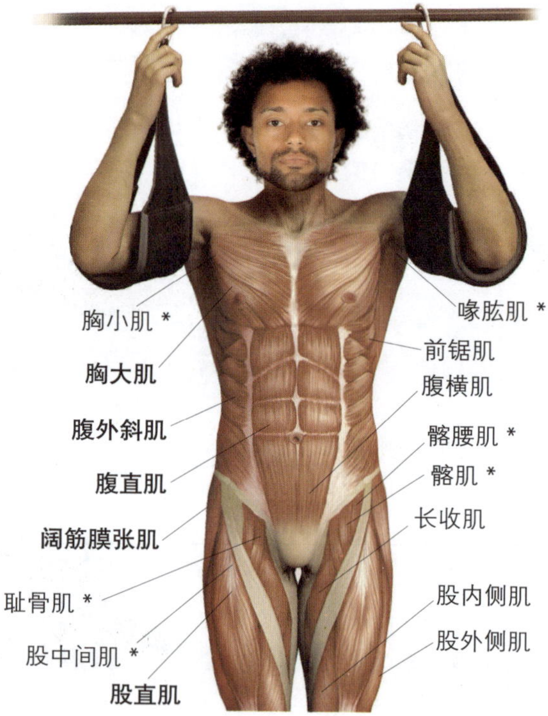

注释
粗体字表示目标肌肉
黑体字表示其他工作肌肉
* 表示深层肌肉

- 用肩带固定上臂，双手握住肩带的上端。
- 当双腿垂下时，收腹然后将膝部向上拉，激活核心肌。

正确姿势
从肩部到臂部保持对齐，使用核心力量稳定动作。

注意
不要用惯性摆动双腿，而是要用核心肌控制运动。

280 肩带支撑悬垂直腿抬高

上臂固定在肩带上。双腿伸直，激活核心肌群，收紧下腹部，然后直腿抬高，直至与髋部水平的位置。

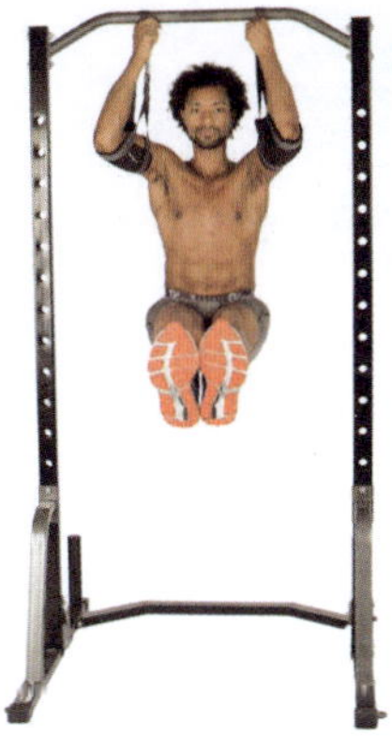

281 悬垂单腿直腿抬高

上臂固定在肩带上。双腿伸直，激活核心肌群，收紧下腹部。左腿伸直向上抬高至髋部水平。保持住，勾足背，然后缓慢放下。换另一条腿，重复刚才的动作。两腿交替锻炼。

282 直臂悬垂举腿

手臂伸直握杆，激活核心肌群，收紧下腹部，直腿抬高，停顿片刻，然后再缓慢放下。

283 悬垂举腿变式

手臂伸直握杆，激活核心肌群，收紧下腹部，然后把腿抬高到胸前，保持片刻后再把腿放下，伸直。

284 直臂悬垂举腿伴转体

手臂伸直，握住上方的横杆，保持脊柱挺直，牢牢地用手抓住杆，用力上下拉伸双腿并向左肩部方向转体，两侧交替，重复。

285

杠铃弯举

注释
粗体字表示目标肌肉
黑体字表示其他工作肌肉
* 表示深层肌肉

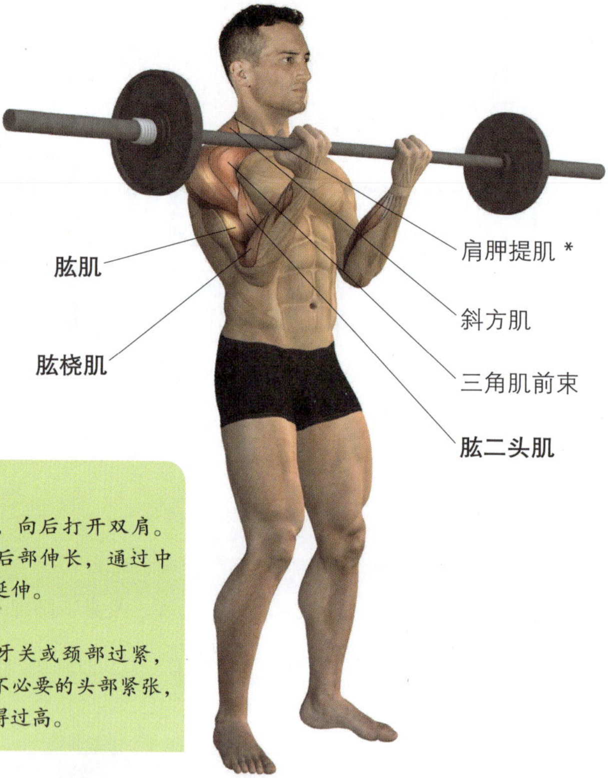

标准的杠铃弯举以上半身锻炼为主。当进行弯举时加上一个合适的杠铃、重物或阻力带，有助于塑造出漂亮的手臂肌肉。在核心肌肉练习时进行弯举训练有助于提高背部、肩部及肱二头肌的力量。

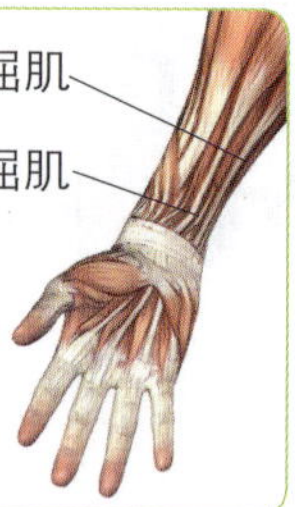

正确姿势
远离双耳，向后打开双肩。想象颈的后部伸长，通过中背部向下延伸。
注意
避免咬紧牙关或颈部过紧，这会造成不必要的头部紧张，使下颌抬得过高。

- 扩胸挺直站立，双足打开与肩部同宽，双手从下方紧握杠铃。
- 沿着身体前侧将杠铃举起，肘部不要移动。
- 一旦杠铃举到与肩部平齐，轻轻放低杠铃，并重复。

286 交替哑铃弯举

进行交替哑铃弯举时需要不断地举起和放下哑铃，此时必须保持核心稳定。练习这个动作的好处是让你有强壮的腹肌，发达的肱三头肌、肱二头肌、核心肌肉和圆滑匀称的上肢。

- 双足打开，与肩部同宽，腹部收紧，感觉中背部伸长且有力。
- 每只手拿一个哑铃，把右边的哑铃举到与右肩部同一水平。
- 放下右侧哑铃，把左边的哑铃举到与左肩部同一水平。
- 以均匀的节奏双侧轮流做这个动作。

287 健身盘屈臂

双腿打开，与肩同宽。站直，保持核心肌肉和手臂用力。在你的髋部前面抓住一个适宜重量的健身盘，慢慢收缩肱二头肌，把健身盘举到胸前，再放下来，重复上述动作。

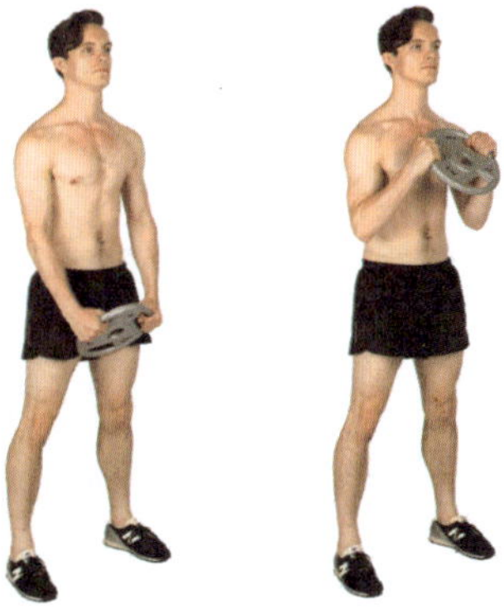

288 单臂集中弯举

端坐于健身凳上，双腿分开，用右手抓住哑铃，同时左手放在左膝上以保持平衡。慢慢地弯举哑铃到你的胸部，充分激活肱二头肌。

289 斜凳哑铃弯举

身体伸直俯靠在斜凳上，在斜凳两侧每只手拿一个哑铃。肱二头肌用力将哑铃举到肩部水平。

290 斜凳杠铃弯举

身体伸直俯靠在斜凳上，在斜凳两侧的正前方，双手握住杠铃。激活腰背部核心力量，稳定肘部，把杠铃弯到肩部水平。

291 缆绳弯举

首先站在绳索正前方，紧紧抓住绳索手柄，收紧腹部，用力拉动手柄直到手柄末端贴近胸部。做动作时确保肘部一直贴紧身体两侧不动。

292 平躺弹力带弯举

身体伸直，平躺在地板上，将弹力带固定在足底中部，握住身体两侧的绳索手柄。收腹，用肱二头肌把手柄拉到胸前。

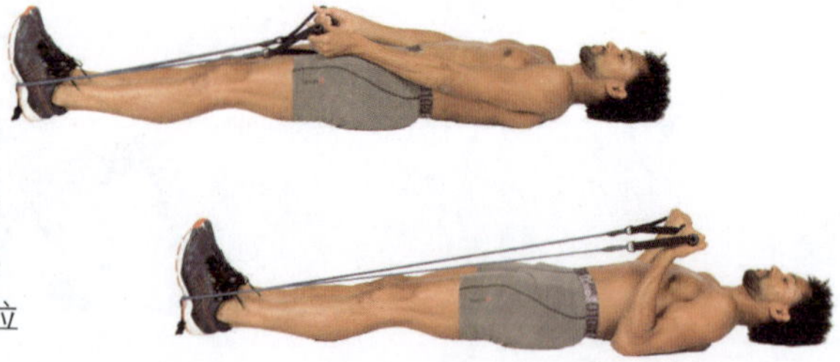

293 弹力带弯举

直立，将弹力带踩在足底中心。握住身体两侧的弹力带手柄，收腹，稳定髋部，用肱二头肌把手柄拉到胸前。

294 瑞士球杠铃弯举

首先坐在瑞士球上，用后背的核心肌群发力稳住自己的身体。双手握住杠铃放在膝盖前，把杠铃举到胸前，保持肘部紧贴在身体两侧不动。

295 瑞士球哑铃弯举

首先坐在瑞士球上，用后背的核心肌群发力稳住自己的身体，双手握住哑铃放在膝盖前，把哑铃举到胸前，保持肘部紧贴在身体两侧不动。

296 斜卧交替哑铃弯举

斜躺在长椅上，腹部收紧，感觉到中背部拉伸有力。两手各握一个哑铃，每一侧交替弯举哑铃到肩部，确保核心肌群收紧。放下哑铃，重复上述动作。

第二章

下半身

本书中的下半身指肋骨以下部位，包括腹部、脊柱、骨盆、大腿、臀部、膝、小腿、踝和足。下半身练习方法众多，一些为等长练习，如平板支撑、臀桥、平衡；更多是动态的、爆发性力量增强练习，如跳、踢、冲。接下来着重讨论增加下半身力量，同时提高身体其他部分的稳定性和爆发力，包括核心部位和上半身。

297

基础下蹲

下蹲是一个基本的动作，可以有效地加强和塑造腹部核心、下背部和腿部。这是一个从头顶正上方到足底的垂直方向动作。你的动作越标准，效果就越好。

注释
粗体字表示目标肌肉
黑体字表示其他工作肌肉
* 表示深层肌肉

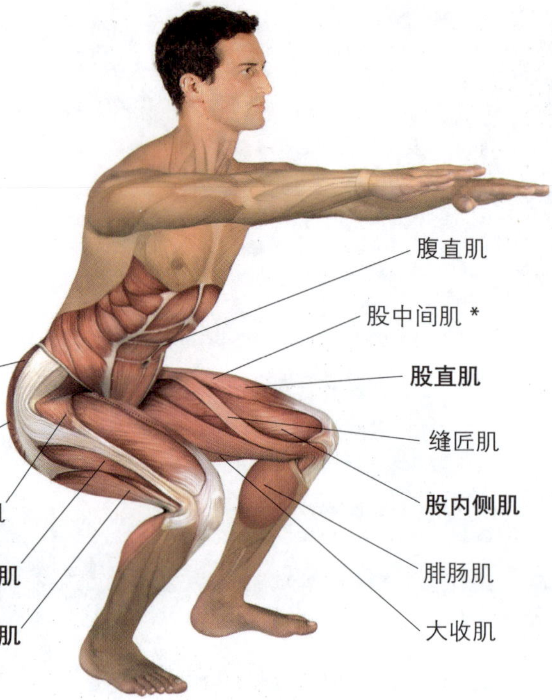

正确姿势
下蹲时，每个关节堆叠起来，并在垂直方向相互支撑。
注意
不要蹲得太低，蹲下时背部保持平直。

- 双足站立与肩部同宽，将重心转移至足掌上，伸展足趾。
- 抬起手臂至与躯干呈90°，掌心向下。
- 屈膝，同时膝部保持在踝的正上方，足跟不要离地。你应该感觉到四肢、腘绳肌和核心肌群的紧张。
- 慢慢站立。

298 快速下蹲

这是基础蹲姿的一个更难的变式。这个练习要求动作与基础下蹲完全相同，反复快速且平稳地上下蹲起，直到你不能继续为止。

299 健身球下蹲

双足分开与髋部同宽。保持腹部和核心紧张，收紧双腿。把球伸到面前，然后半蹲。保持蹲姿，双手挤压球。

300 壶铃下蹲

双足分开与髋部同宽站立，双手拿一个壶铃，置于胸上部。收紧核心肌、臀部和腘绳肌。慢慢地下蹲，保持脊柱伸展和壶铃在胸上部水平。

301 哑铃下蹲

站立，双足分开与髋部同宽，双手握哑铃。收紧核心肌、臀部和腘绳肌。慢慢地下蹲，保持脊柱伸展和哑铃在身体两侧。

302 沙袋下蹲

脊柱挺直站立，双足分开，紧紧地抱住沙袋，置于肱二头肌的顶部。收腹脊柱伸直，深度屈膝至髋关节和膝关节均呈 90° ，然后返回到直立位。

303 椅子蹲坐

在椅子前面站立，双足分开与髋部同宽，手向前伸出。保持收紧腹部和核心肌群，双腿收紧，然后蹲坐于身后的椅子上。快速站起，重复。

304 负重球椅子蹲坐

在椅子前面站立，双足分开与髋同宽，双手向前伸出并握住负重球。保持收紧腹部和核心肌群，同时双腿收紧，然后下蹲，坐在身后的椅子上。快速站起，重复。

305 平衡球下蹲

双足分开与髋同宽在平衡球上站立，保持收紧腹部和核心肌群，双腿收紧，然后下蹲，手向前伸出。平衡球非常适合挑战身体的平衡能力。

306 持负重球平衡球下蹲

双足分开与髋同宽在平衡球上站立，保持收紧腹部和核心肌群，双腿收紧，在身体前面将负重球伸出，开始进入下蹲姿势。

307 弹力带半蹲划船

将阻力带固定在与胸部等高的固定物上。轻微弯曲膝部保持平衡，双手握弹力带，然后半蹲。用上背部肌肉，屈肘将弹力带手柄拉向胸部。保持住，然后重复。在腿部和脊柱保持阻力。

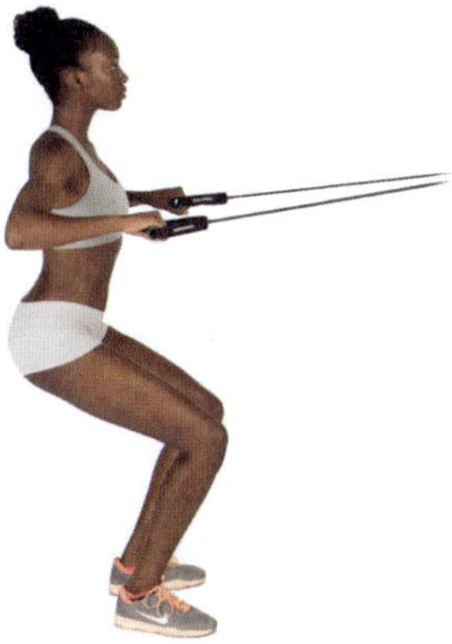

308 按压下蹲

双足打开与肩同宽站立，将重心移到足掌上，每只手抓住身后的缆绳。将手臂从胸前位向前伸出，掌心向下，并使膝部弯曲呈蹲姿。

309 缆绳下蹲划船

膝部微微弯曲保持平衡，双手握住缆绳手柄，然后蹲下。用上背部肌肉屈肘，将缆绳手柄拉向腰部，使肘部紧靠身体两侧。保持此位置，然后重复。在腿部和脊柱保持阻力。

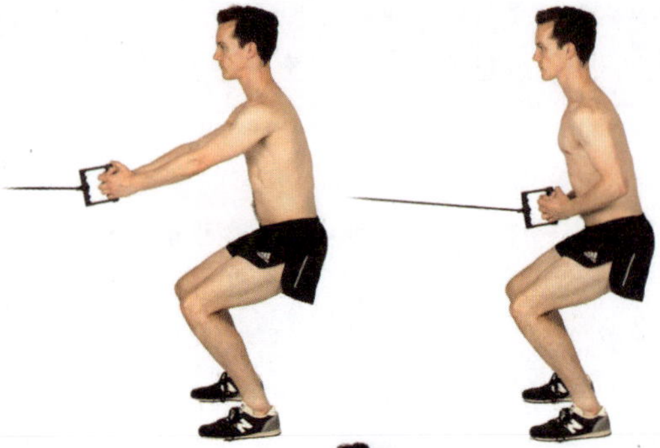

310 阻力带下蹲

首先挺直脊柱，把阻力带踩在双足下。双手握住手柄，肘部紧靠身体两侧，在蹲下时保持肘部不动。下蹲到底后保持住，然后重复。

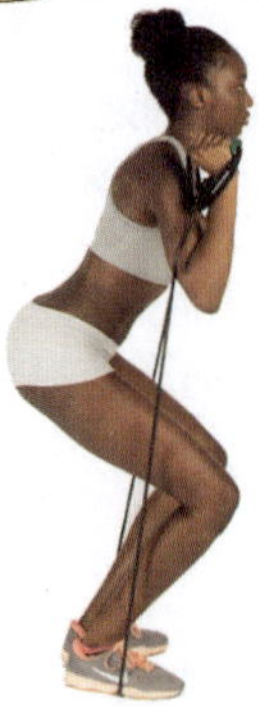

311 跳蹲

双腿打开较宽站立。双腿弯曲下蹲，收紧腹肌，腘绳肌发力，迅速跳起，落地后恢复起始姿势，标准的屈腿蹲姿。根据需要使用手臂。

312 阻力带跳蹲

首先挺直脊柱，把阻力带踩在双足下。双手握住手柄，将肘部拉至身体两侧，并在蹲下时屈臂。紧紧握住手柄，下蹲到底后保持住，只在足踝处弯曲， 轻轻一跳。如果动作准确，你的躯干和腿在完全正确的位置上用力，这对二者都有极大的益处。

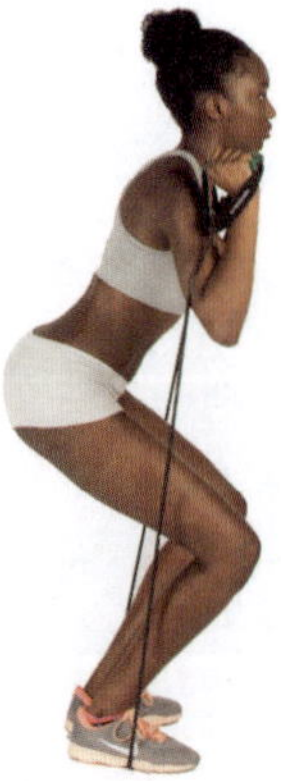

313 悬浮蹲

这种蹲姿的变式是通过握住弹力带增大动作幅度。双手握紧弹力带下蹲，可利用弹力带做深蹲拉伸或仅仅维持身体平衡。

- 挺直脊柱站立，双足打开与肩同宽。
- 双手握紧弹力带，收紧核心肌群。
- 以髋部为支点，屈膝至深蹲位置，双手拉弹力带并且让身体和髋部向后伸展来对抗弹力带的阻力。

314 单腿悬浮蹲

挺直脊柱站立，双足分开与肩同宽。双手握紧弹力带，收紧核心力量。以髋部为支点，屈膝至深蹲位置，握紧弹力带，抬起右腿，双侧大腿内侧收紧相互靠拢。回到起始位，重复。

315 单腿蹲

双臂前伸，将左踝放于右侧膝部，收紧臀肌下蹲，伸展左膝，向左侧打开对着右腿。手臂向前伸，同时臀部向后推。

316 手枪式下蹲

收紧核心肌群，抬起右腿，臀部向后，慢慢落至深蹲位。注意，整个过程中强烈收缩腹肌，用深蹲侧腿保持平衡。

317 相扑蹲

双足外八字打开比肩要宽，双手置于大腿上。伸直脊柱，收紧腹肌，屈膝下蹲至 90°，回到起始站立位。

318 相扑蹲并单手触足尖

以相扑蹲站立位姿势做好准备，双手置于大腿上。弯腰，一只手触碰同侧足尖，同时转体并向上伸直另一只手臂。然后返回站立位，另一侧重复。

319 侧倾相扑蹲

保持相扑蹲姿势。收紧臀肌、腘绳肌和腹肌。将一只手置于同侧大腿上，另一只手上举，向对侧伸展并保持此姿势。

320 负重相扑蹲

双足外八字打开比肩部要宽，双手抓握负重健身盘。挺直腰背，收紧腹肌，屈膝下蹲至 90°，再回到起始站立位。

321 相扑蹲并健身球上举

首先以相扑蹲站立位开始，双手将健身球上举至头顶上方。慢慢下蹲，同时腰背挺直，双肩下沉，双手将健身球置于骨盆下方双腿之间。

322 分腿蹲

交叉姿势站立，双膝皆屈曲至 90° 。收紧腹肌，前面的膝部位于踝部正上方。前侧腿伸直回到站姿。换另一侧腿重复。直至感觉双腿发热。

323 阻力带弯举分腿蹲

双手握阻力带手柄，前足踩阻力带。慢慢下蹲至双膝呈 90° ，双臂紧贴身体两侧，利用臂前面的肌肉屈肘将弹力带拉向肩部，然后慢慢站起，整个过程保持阻力带拉紧。

324 弹力带划船分腿蹲

挺直脊柱站立，双足分开与肩同宽。双手握紧弹力带，收紧核心肌群，右足退后一步呈分腿姿势，下蹲至双膝屈曲呈 90° ，同时用力将弹力带拉至胸前。

325 哑铃分腿蹲

双手各握一个哑铃，交叉步站立位。下蹲双膝呈 90° ，同时将哑铃上举，迅速恢复至站立位同时双手放下，速度越快越有利于更快的肌肉反应和身体平衡性的锻炼。

326 健身球分腿蹲

交叉步站立位，双手持健身球置于胸前。下蹲至深蹲位，持球向前伸直双臂至水平位，紧张手臂后部肌肉的同时收紧核心肌群。慢慢回到站立位。

327 上举沙袋分腿蹲

双腿并拢站立，双手持沙袋，做箭步蹲，同时将沙袋垂直举过头顶。保持此姿势，并将力量集中于核心肌群和腿部肌群。回到站立位，放下沙袋。

328 保加利亚式（或罗马尼亚式）分腿蹲

从分腿的姿势起始，右腿在前，左腿在后。把左腿放在有高度的板凳或台阶上，做分腿蹲 (#322)。延长并拉伸后腿前方的肌肉。然后换另一条腿，如果你愿意也可以双手增加负重。

329 保加利亚式分腿蹲并头上推举

保加利亚式分腿蹲以塑形大腿后侧肌群闻名。该动作通过下压股四头肌也可深度拉伸髋部前方肌群。在任何分腿蹲的深蹲位保持一段时间，都会有助于髋关节的稳定。

- 前后分腿姿势，后足抬高。
- 当你下蹲的时候，将双臂举过头顶并保持。
- 前面的大腿与地面保持平行，收紧臀部。

330 瑞士球辅助保加利亚式分腿蹲

把一只足放在瑞士球的顶部，通过激活核心肌群和腘绳肌来稳定站立腿。收紧核心肌群，双手在胸前抱拳。下蹲呈分腿蹲，使膝部和后腿呈一条直线。

331 保加利亚式分腿蹲并哑铃上举

采取保加利亚式深蹲姿势，双臂放在两侧，手握哑铃。蹲下时，将肘部弯曲，然后向上举过头顶。保持脊柱挺直，肩部下沉。

332 健身球爆发力下蹲

健身球爆发力下蹲对于那些希望稳定核心的人来说是非常棒的运动，同时还可以改善上身运动的灵活性。你可以通过增加负重健身球、壶铃、哑铃或圆盘来增大挑战的难度。更快速地移动以增加稳定性的挑战。

- 单腿承重，后面的腿稍稍抬离地面。保持健身球在你的肩部上方。
- 向前弯腰并下蹲，球从身前穿过。
- 然后站起来，把球举起。快速地进行这一系列动作能够改善侧方核心力量和臀部爆发力。

333 哑铃爆发力深蹲

单腿承重，保持哑铃在肩膀上方。开始运动，下蹲，哑铃从身前扫过。然后站起来，把哑铃举起。快速地进行这一系列动作能够改善横向核心力量和臀部爆发力。

334 负重球滑行下蹲

该动作为健身球爆发力下蹲的进阶变式(#332),进一步加强了核心的参与。同时通过更深度下蹲和后腿抬高增加了保持平衡的难度。

- 单腿承重，后面的腿稍稍抬离地面。保持负重球在你的右肩上方。
- 开始运动，向前弯腰并下蹲，球从身前扫过，后腿尽可能抬高。
- 然后站起来，把球向后举起。快速地进行这一系列动作能够发展侧方核心力量和臀部爆发力。

335 单臂壶铃抓举

在这个变式中，在完成基础下蹲的同时，你将使用一个壶铃来增强身体对位和稳定性。本动作加入壶铃，为上半身增加了推和拉的运动元素。

- 开始，收紧核心，左手抓壶铃。
- 深度屈曲膝部并使髋部向后，达到标准的蹲姿。
- 伸直双腿并快速将壶铃沿着身体前面向上拉，整个动作快速、连续，并打开左肩。

336 靠墙深蹲

结合一个平坦的表面，例如你身后的墙壁，将上半身保持在一个完美的解剖位。靠墙深蹲会深度激活参与的肌肉，对其产生良好的锻炼效果。

- 脊柱上部伸直紧贴墙壁站立，并将足伸出墙壁约 60 cm。
- 双臂抬至与肩平齐，双足分开与髋部同宽，保持背部紧贴墙壁，直至屈膝达 90° ，保持住。

337 瑞士球靠墙深蹲

紧靠瑞士球站立，收紧腹肌，保持平衡，双臂前伸。脊柱挺直，激活双腿肌肉，慢慢屈膝至深蹲位，对瑞士球保持一定压力。然后收紧腹肌，站起来。

338 瑞士球深蹲并哑铃弯举

在上背部和身后的墙壁之间放置一个瑞士球。每只手各握一个哑铃，深蹲。当你蹲下时，肘部向内收，只屈曲上肢。在底部保持住，并重复。

339 瑞士球单腿深蹲并哑铃弯举

做一个瑞士球深蹲并哑铃弯举，但是要求一条腿离开地面。支撑腿需要更努力地保持膝部和足趾在一条直线上。收紧腹肌，轻松地上下移动。

340 负重球健身箱深蹲并侧抬腿

先双膝屈曲，双手在胸前握一个负重球。左足踩在健身箱上，深蹲，然后伸直左腿，右腿侧踢。返回到起始位，换另一侧，重复。

341 哑铃健身箱深蹲并侧抬腿

将健身箱和哑铃融入深蹲的变式中，重点锻炼腘绳肌和大腿。收紧核心可以帮助你在进行这个动态运动时保持平衡。

- 先双膝屈曲，双手在胸前握一个哑铃。
- 左足踩在健身箱上深蹲，然后伸直左腿，右腿侧踢。
- 回到起始位，换另一侧，重复。

342

杠铃深蹲

杠铃深蹲对你的下半身和上半身都有很大的作用，同时，可以稳定所有的背部肌肉。把这个动作运用到你的日常训练中，就能使背部在各项日常活动中挺得更直。无论信还是不信，做几组杠铃蹲也会提高你的有氧运动能力。

注释
粗体字表示目标肌肉
黑体字表示其他工作肌肉
* 表示深层肌肉

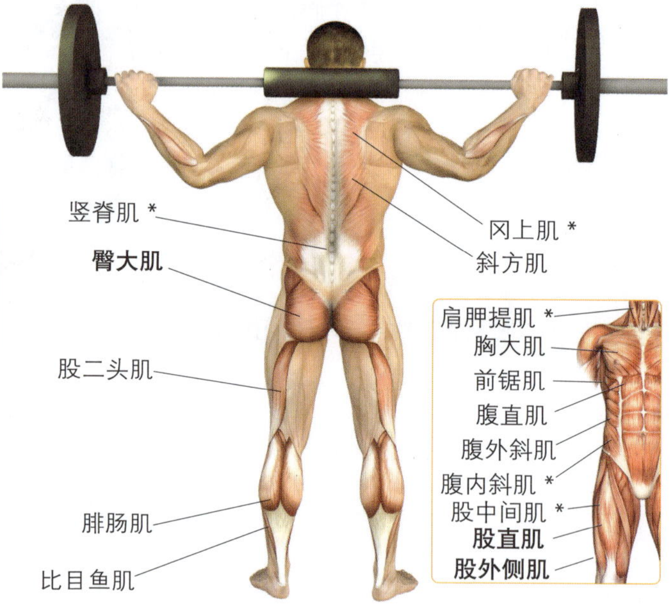

正确姿势
确保你的背部和核心肌肉都参与到该运动中。还需要强有力的双腿稳定支撑。

注意
不要让身体前屈超过所需要的角度，保持背部挺直很重要，这样能保持杠铃平衡。

- 开始时双足分开与肩部同宽，杠铃横放在肩部。
- 双手紧握杠铃，收紧核心，屈膝。
- 臀部向后，同时尽量保证背部挺直，到深蹲位。

343 前置杠铃深蹲

双足分开与肩同宽，交叉双臂在胸前紧握杠铃。脊柱挺直，收紧腹部，深度屈曲膝部，臀部向后，保持在深蹲位。

344 杠铃相扑深蹲

双腿分开，脚尖朝外。牢牢握住肩背上的杠铃。脊柱挺直，收紧腹部，并深屈膝部。当大腿与膝部达到90°，返回站立。

345 杠铃抓举深蹲

杠铃抓举深蹲是一种将杠铃的重量直接摆在你面前的动作。通过快速、反复地举起或抓起杠铃，你可以锻炼身体的核心力量以及下背部和腿部的稳定性。

- 以深蹲姿势开始，双手紧握杠铃。
- 在一个平稳的动作中，包含一个以肘部为支点的“翻转”动作。将杠铃沿着你身体的前面向上拉，至肩部高度。
- 利用腿部和核心力量，直接将杠铃举过头顶。

346 上举杠铃分腿蹲

前后腿交叉站立，将两膝弯曲呈 90°，与地面平行。将杠铃举过头顶，保持收腹，前腿膝部在足踝上方。伸直前腿，回到站立位。换另一条腿向前。

347 瑞士球深蹲并杠铃弯举

把瑞士球放在脊柱上半段和身后的墙壁之间。下蹲，双手紧握杠铃。肘部内收，仅屈臂，将杠铃拉到胸前。

348 杠铃椅子蹲坐

做这种椅子蹲坐，尤其是加入杠铃，能够大大增强核心力量。对于那些想要更好地改善膝部和臀部稳定性的人来说，这也是一个很好的训练动作。

- 双足在椅子前保持与髋部同宽，两只手在肩膀后面固定杠铃。
- 保持腹部和核心紧绷，收紧双腿，蹲坐到你身后的椅子上。
- 再迅速站起，重复动作。

349 交替握杠铃蹲起

双腿分开与肩部同宽。双手交替牢牢握住杠铃。伸直脊柱和收缩腹肌，然后屈膝，用杠铃碰触你前面的地板。

准备

可以用许多不同的方式挑战性地锻炼自己的腿部和核心肌群。站立、坐着或躺下都是很棒的体位，可以让你的运动达到锻炼效果。

350 保加利亚式分腿蹲并杠铃推举

保加利亚式分腿蹲配合过头推举，非常适合锻炼上半身和大腿部肌肉群。在动态的水平上，这种变式通过压低股四头肌提供了髋前部的拉伸。

- 后足踩在较高的地方，做保加利亚式分腿蹲（#328）。
- 当膝部屈曲至蹲位时，双臂举过头顶，并保持。
- 双膝均与地面呈90°，收紧臀部。

351

哑铃抬脚

坐位，双足之间放一重物，屈伸膝部，这看似是一个简单的运动，但它有很大的好处。在这些练习中，当用小腿抵抗重力推、拉重物时，你将收紧股四头肌，并稳定臀部、膝部和踝部。

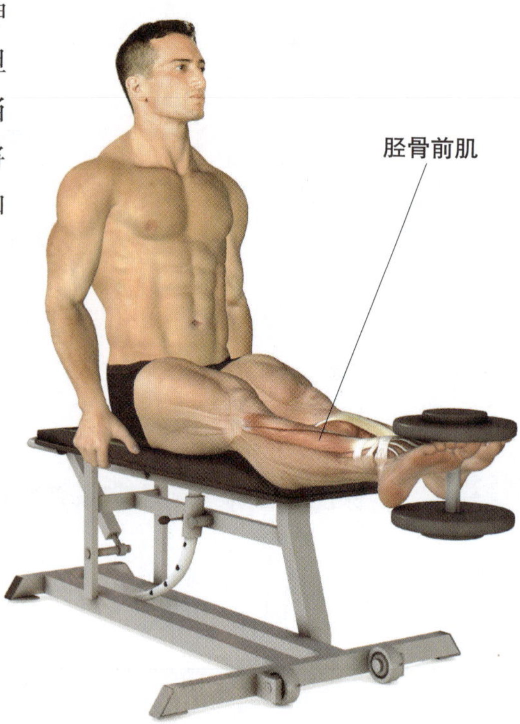

正确姿势

胸部打开，不要弓背，仅双腿用力。

注意

如果你的膝部有问题，不要在足上加重物，可以无重物进行该练习。

注释

粗体字表示目标肌肉

- 坐在有一定高度的平面或健身凳上，背部挺直，抓紧板凳两边。
- 确保双足之间夹一个负重或哑铃，使双腿靠近并拢。
- 交替屈伸双腿，双腿前面肌肉和小腿参与发力。

352 坐姿腿屈伸

坐位，用力地向前伸直腿，对下肢和核心都是一种大强度的锻炼。如果充分利用核心肌群发力，将有助于稳定下背部和骨盆，这样腿部可以更有效地工作。

- 坐在一个有高度的平面或者板凳上，背部挺直，抓紧板凳两边。
- 在双足之间固定一个重物或哑铃，使双腿靠近并拢。
- 交替屈伸双腿，双腿前面肌肉和小腿参与发力。

353 俯卧小腿弯举

从本质上讲，俯卧腿弯举是下半身的引体向上。在朝向身体抬高和远离身体降低哑铃的同时，双腿背侧肌肉发力，将运动重点放在腿部、臀部和小腿上。

- 将哑铃固定在双足之间，用手抓住健身板前缘，伸展躯体俯卧在上面。
- 双腿并拢，激活核心肌肉力量。双膝稍分开，股后肌群发力屈曲双足。
- 双腿伸直至起始位置，重复。

354 直立单腿弯举

执行直立单腿弯举可以激活腘绳肌，同时还能锻炼单腿站立的平衡性。当抬起腿时，身体的重量从一侧移到另一侧，是一种锻炼稳定核心力量的好方法。

- 挺直身板站立，收紧腹部肌肉，将身体重量集中到足掌上。.
- 慢慢将身体重量转移到左侧。
- 屈曲膝部，抬起右足，让足屈起在身体正后方。
- 当膝部屈曲至90° 时，将足伸直放下。换另一侧。

355 弹力带髋关节伸展

将弹力带固定在左足掌中间。挺直身板站立，收紧腹部肌肉，并将身体重量集中到足掌。抬起左足，弯曲膝部做后踢腿，然后向前。重复目标次数，然后换边。

356 负重踢臀跑

标准的踢臀跑动作腿部不负重，增加腿部负重则难度加大。这两种方式都是高度动态的强化运动。爆发性地运动身体，尝试跳跃并将足触到臀部极具挑战性，但会有巨大的运动效果。

- 首先围绕小腿或足踝固定一个加重包。
- 用力收紧腹部肌肉站立。
- 屈曲双膝快速跳起，伸直左腿，右足朝后上、下踢腿。
- 换另一边，并重复。

357 负重魔鬼步伐

小腿下方缠绕负重包站立。收紧腿部和核心力量，将右腿摆至身体前方。左手臂伸向右腿并触及右足，屈右足。确保腿部和手臂使用摆动的动作。

加强训练
在日常锻炼中增加踝部重量是增强有氧运动，同时加强腿部力量的好方法。每天步行或慢跑时都可以增加负重，以增强心血管功能和体内血流量。

358 髋关节内收和外展

在解剖学上，“外展”主要指四肢远离身体中线的运动，内收则相反，即向身体的中线方向运动。这项阻力带运动同时进行外展和内收动作，可以使骨盆得到锻炼。这种简单的运动有利于增强臀部深浅层肌肉、回旋肌、肌腱的活动度和稳定性。

- 足踝的上方固定一弹力带，站立。
- 右足从左腿前方跨过（内收），屈足。
- 使腿回到右侧打开（外展），稍抬离地面。换边，并重复。

359 阻力带跨步

在膝部稍下方固定一阻力带。站立并收紧核心肌肉，收腹。向左迈一步，进入标准深蹲姿势。保持下蹲状态持续向左移动。换边。

360 阻力带侧向跳跃

这是另一项增加了强化运动的锻炼。强化运动指的是"跳跃训练"。利用身体自身的重量和敏捷性，做专注于提高速度和力量的运动。如果条件允许，可以从小物体上跳过。

- 直立，在小腿上固定一个阻力带。
- 张开双足与肩部同宽，做双腿快速屈膝跳跃的动作。
- 向空中跃起，两条腿抬起并向侧面移动，从开始的地方侧向移动约 30 cm。挥甩手臂助跳。

361 弹力带早安式

双腿分开站立，双手将固定在底座上的弹力带拉伸到肩部两侧。强力收缩肱二头肌，并在髋部屈曲时向上向内收紧腹肌。

362

前弓步下蹲

前弓步下蹲是一种标准运动，可以动用上肢和腿部更大的肌群。同时，弓步下蹲要求控制重心，保持两条腿之间的平衡。这种运动会增强臀部和腿部的前部力量，同时稳定重心和下肢。将弓步下蹲与其他运动相结合，可以更好地增强身体意识和下肢力量。

注释
粗体字表示目标肌肉
黑体字表示其他工作肌肉
* 表示深层肌肉

正确形式
左腿直接伸到身后，足跟稍抬离地面。
注意
不要让你的背弯曲或摇摆，相反，使用下腹部力量以支撑下脊柱的伸展。

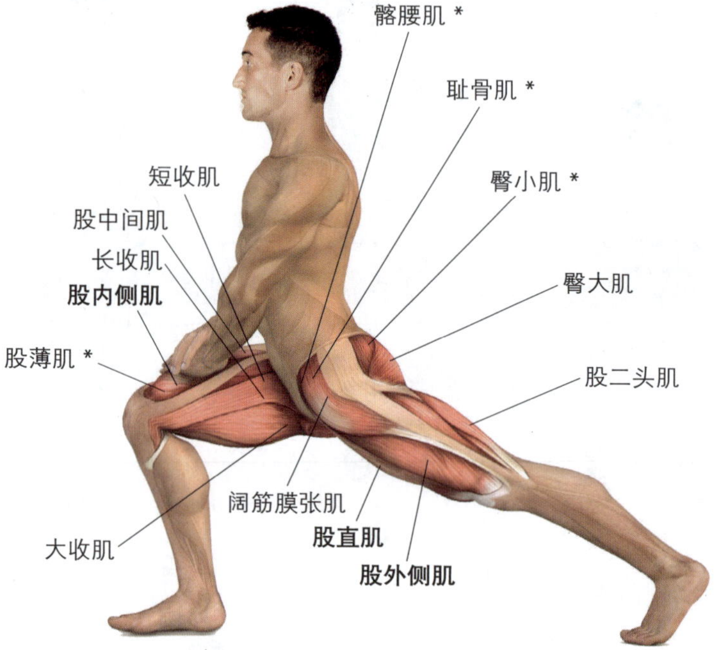

- 双腿自然分开站立，双臂垂放在躯干两侧。
- 单腿弓步向前迈，并将双手放在膝部。
- 前腿屈膝呈 90°，使膝部在足踝正上方，髋部朝前。

363 侧弓步下蹲

双足并拢，双臂伸向前，左腿向前迈出一大步，左膝部屈曲，右腿伸直。保持背部挺直，核心肌肉紧绷，并将手臂向左转。开始时，左足并拢回到起始站立位。另一侧重复。

364 前弓步转体

站立，一条腿向前迈一大步进入弓步姿势。一条腿屈曲，另一条腿伸直，转体，一只手伸向外踝，另一只手伸向天空。胸部张开，深呼吸。

365 直腿弓步下蹲

右腿向前，双腿前后大步分开站立。屈髋部，收紧核心肌群，拉伸腘绳肌。将双手放在右侧大腿上，然后脊柱朝左腿的对角线方向拉伸。呼吸并伸展背部。

366 直腿弓步触地

左腿向前，双腿前后大步分开站立。屈髋部，收紧核心肌群，拉伸腘绳肌。将双手放在左足两侧的地板上。呼吸并伸展背部。

367 直腿弓步胯下传球

大步向前迈进呈弓步，双腿弯曲并在胸前举起一个健身球。维持弓步姿势，迅速使球通过前腿下方，仅进行手臂的运动，动员核心力量使重心平衡。

368 前弓步并后腿抬高

双手叉腰，双腿弯曲，向前迈进弓步。用力收紧核心肌群，将重心集中到前足，然后臀部肌肉发力，回踢后腿，将腿在身体后方伸直，双腿屈曲着地。换腿，然后重复。这是一个锻炼腿部的好方式。

369 滴答滴答弓步蹲

腿部分开与肩部同宽。屈曲呈前弓步（#362），双腿弯曲，快速后退站立，通过这种方式快速移动来增强爆发力。

370 弓步转体

这种弓步转体运动类似于瑜伽姿势。站立，一条腿迈向前呈弓步。双腿弯曲，转体，一只手伸向内踝，另一只手指向天空，打开胸部，深呼吸。

371 弓步对角线转体

直立，挺直身板，双足并拢，双臂向两侧张开。紧张核心力量，将足转向对角线，右腿向前迈出一大步。将右臂伸到左足跟。回到直立位，换边。

372 行走式弓步下蹲

站立，用右腿大步向前迈进呈弓步。双腿弯曲，双臂放在身体两侧，向上蹬地以伸直双腿，然后迈出左腿呈弓步。左右交替，并重复，就像你在正常走路。

373 向前转体弓步行走

挺直身板站立，左腿大步向前迈出呈弓步，手持健身球旋转到身体左侧，向上蹬地伸直双腿，然后右腿迈出呈弓步，将球向右扭转。

374 后弓步下蹲

后弓步下蹲与前弓步下蹲相反。双足并拢站立，向后迈步，双腿弯曲形成弓步。保持背部挺直，身体重心向前并保持平衡，腿部肌肉发力。

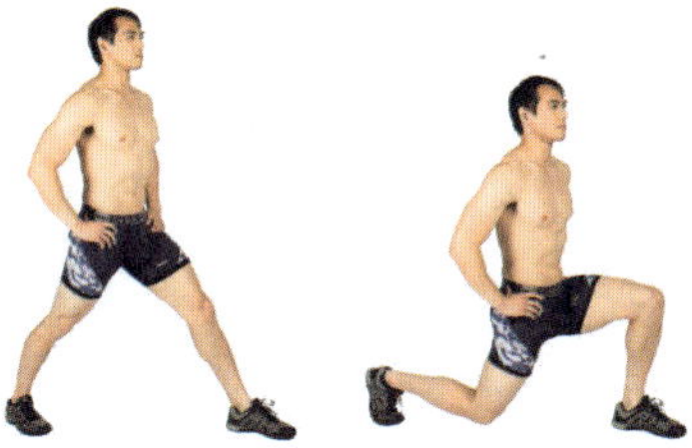

375 跳跃弓步下蹲

双足稍微分开，双臂向前，在一个动作中，双腿屈曲，做后弓步下蹲。在身后摆动手臂，快速发力并向上向前跳跃，落地时两侧交换，转换成对侧弓步下蹲。

376 健身箱后弓步下蹲

开始时，站在健身箱上，右膝屈曲并向右后做后弓步下蹲，身体重心在前足，保持姿势，呼吸，然后恢复站立。

377 侧举后弓步下蹲

站立，双腿分开与肩部同宽。双臂张开，左足做后弓步下蹲，保持前膝在足踝正上方，紧张双臂并伸直。

378 后弓步飞鸟式

站立，双腿分开与肩部同宽。手握哑铃向前伸直双臂，右足做出后弓步下蹲，向两侧张开手臂，向前张开胸部。

379 后弓步抬膝

双手叉腰站立，屈曲双腿，做后弓步下蹲。后腿蹬地，使膝部向前向上靠近胸部，再屈曲双腿，向后摆腿落地回原位。重复。

380 后弓步踢腿

站立，双臂垂放在躯干两侧。双腿屈曲，向后做后弓步下蹲。踢起后腿，在身体前方伸直，摆起对侧手臂，然后回到后弓步。交替对侧，重复。

381 悬吊式后弓步下蹲

开始时，两足并拢，然后将左足踝放入支撑带，双膝屈曲并用左腿向后做出后弓步，保持身体重心在前足。维持姿势，呼吸，然后恢复站立。

382 低弓箭步

做前弓步下蹲（#362）并将双手放在弯曲的膝部两侧的地板上。低头看手，降低腿部，足跟进一步向后伸，呼吸。这是一个锻炼大腿深层肌肉和小腿的运动。站起来，然后重复。

383 双臂同侧低弓箭步

做前弓步下蹲，双手放在90°弯曲的膝部一侧的地板上。伸直双臂，足跟向后伸直。换边，重复。

384 新月式跨步蹲

做前弓步下蹲，双手放在屈曲膝部一侧的地板上，举起双臂至头上方，手掌呈祈祷姿势，缓慢呼吸。换边，重复。

385 低弓箭步伸展

挺胸直立，动员核心肌肉。右腿向前迈出呈弓步， 在对角线上向前伸展双臂，左腿向后伸，深呼吸，收紧核心肌肉以增强下背部。

386 侧方低弓箭步

直立，强烈紧张下背部核心肌群，双臂伸到前面，将重心集中到足趾上，然后移动为侧方低弓箭步下蹲（# 363）。深呼吸，紧张核心肌群以增强背部。

387 侧弓步下蹲式哑铃侧平举

双足分开与髋部同宽站立，双手握哑铃向两侧张开双臂。向左侧迈出呈弓步，屈曲左膝，右腿伸直。保持核心肌群紧张，双臂张开与肩部同高。

388 时钟弓步

开始时双足并拢，双手放在髋部，右足迈出呈前弓步，右足蹬地回站位，然后下降呈左侧弓步。回到站立位后，再进入左腿前弓步。保持核心肌群紧张。

389 单腿侧弓步抬高

迈出右腿做侧弓步下蹲，将手臂在胸前伸直，弯腰，手指向下在右腿两侧触地。右腿伸直，将左腿从地上抬起，与右腿呈 90° 。

390 弓步交替触地

双腿分开，左手伸到右足，屈曲右膝并伸直左腿。保持背部和核心肌肉紧绷，身体回到中央位置站立，再触左足。

391 花式触地转体

快速进入侧弓步，屈曲右膝部，用左手轻拍右足趾。手臂向上摆动，跳跃，核心肌肉和臀部发力，着地换成左侧弓步，用右手轻拍左足趾。

392 跨坐内收肌弓步

双足并拢，双手紧握在胸前，向左迈出一大步，屈曲左膝，伸直右腿，收紧核心肌群，背部挺直。用内收肌发力，左足弹起，回到起始站立位。

393 悬吊式内收肌弓步

双足并拢站立，左腿放入支撑带。右足稍微伸出，远离支撑带并指向前方。双手紧握胸前，伸展左腿，深屈右膝部。收紧核心肌群，支撑背部。右足蹬起，回到起始站立位。重复至目标次数，然后换边。

394

哑铃跨步下蹲

弓步有多种变化形式、形态和幅度。它是一种可以让你同时在各种方向推拉、前进、后退、侧伸、上升和下降的动作。当加入负重后，弓步可以成为强化上半身和下半身力量的好方法。

注释
粗体字表示目标肌肉
黑体字表示其他工作肌肉
* 表示深层肌肉

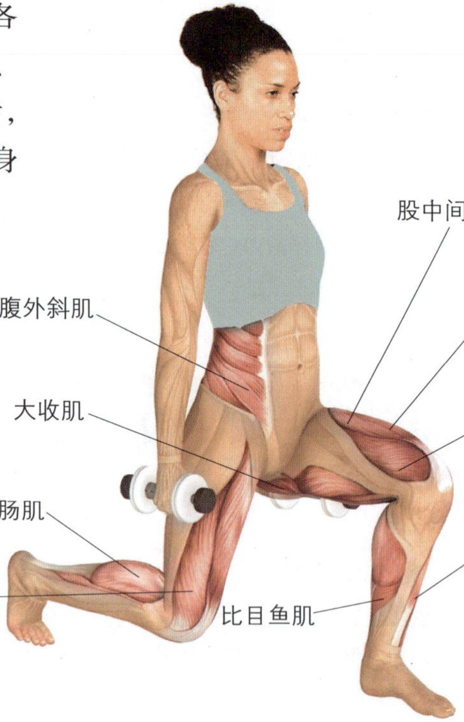

正确姿势
头部在颈部上方自然放松，将足的负重放在足趾上。
注意
不要让前方膝部屈曲超过 90° ，膝部在足踝正前方，髋部朝前。

- 双腿与髋部同宽站立，双手各握一哑铃。沿着脊柱向上收紧核心肌肉。
- 一条腿大步向前做弓步下蹲。
- 后腿膝部应呈 90° ，胫骨平行于地面。下腹部肌肉收紧。

395 杠铃前弓步下蹲

正确进行杠铃前弓步下蹲需要能够拉伸臀部和腿部的肌肉，同时还能稳定核心和下肢。将杠铃融入弓步下蹲，可以锻炼出强大的核心和肩带力量。

- 从站立位开始，将杠铃置于头后方，保持肩部平衡。
- 单腿向前迈步，进行弓步下蹲，保持身体重心在前足。
- 保持弓步下蹲姿势，深呼吸，然后恢复站立位。

396 杠铃前弓步下蹲并后腿抬高

将杠铃固定在肩部，双腿弯曲，向前做弓步下蹲。重心集中在前足，并用右侧臀部发力，以便能够向后踢腿。将腿在身后伸直，双腿屈曲，落地。这是锻炼腿部肌肉的一个好方法。

397 杠铃斜弓步下蹲

背部挺直，杠铃固定在肩部，双足并拢站立。将核心力量集中到背部。转动足掌，迈步形成弓步，然后快速回到站立姿势，左右腿交替。

398 负重球跳跃前弓步

做该动作时需要核心肌群高度紧张并保持稳定，同时进行腿部与上臂独立、快速的动态运动。这个动作的好处包括锻炼强大的腹肌、发达的背部核心肌肉以及线条优美的手臂肌肉。

- 首先直立位，然后双腿屈曲呈前弓步下蹲，将球放在胸前。
- 快速向上跳跃，并向上摆动手臂，双腿悬空。
- 落地时做对侧腿的弓步下蹲，感受肌肉的燃烧。

399 哑铃弓步行走

站立，手握哑铃垂放在躯干两侧。一侧腿大步向前迈出呈弓步。双腿屈曲，双臂放在身体两侧，起身回到站立位。重复，就像正常走路一样。

400 哑铃后弓步下蹲

后弓步下蹲与前弓步下蹲相反。双足并拢站立，双腿屈曲，后退做弓步下蹲姿势。哑铃放在身体两侧，保持背部挺直，身体重心向前并维持平衡。

401 杠铃后弓步下蹲

想准确做出杠铃弓步下蹲动作需要有保持身体后方平衡的能力。将杠铃结合到锻炼中能练出强壮的上半身和肩带，同时还能稳定核心和下肢。

- 双足并拢站立，将杠铃握举在头后方，保持肩部平衡。
- 右腿向后做弓步下蹲，尽可能弯曲，保持身体的重心在前足。
- 保持弓步姿势，深呼吸，然后恢复直立。

402 负重球后弓步下蹲

双腿自然分开站立。手持负重球放于胸前，双腿屈曲向后做弓步下蹲。动员腿部后侧肌肉和核心肌群伸直后腿，回到站立位。换侧，重复。

403 壶铃举高式后弓步下蹲

右手握壶铃，将左臂向侧面打开以保持平衡。站立，左足向后做弓步下蹲，上肢发力将壶铃举至头顶上方，保持膝部在足踝正上方。

404 后弓步哑铃侧举

手持哑铃，双足并拢站立，一只足大步向后退一步，双臂向两侧张开，保持与肩部齐平。背部挺直，身体重心向前，保持平衡。

405 杠铃后弓步下蹲抬膝

将杠铃置于头颈部后面。双腿屈曲，向后迈一步做后弓步下蹲，然后抬起后腿，使膝部向前上抬到胸前。将腿向下摆动回到后弓步下蹲状态。重复。

406 运动棒时钟弓步

双足并拢，身体前倾。 左足做前弓步下蹲，然后左足向一侧跳并降低为侧弓步，再跳回前弓步姿势。整个过程保持核心肌群紧绷。

407 负重球交替触地

快速做侧弓步下蹲，屈曲左膝并用负重球触及左足趾。紧张核心和臀部肌肉，将手臂向上摆动，并跳起，然后向右侧落地，将负重球放到右足趾上。

408 弓步哑铃交替触地

这种运动非常适合在对角线上伸展背部肌肉，同时向背部相反的方向牵拉腘绳肌。此外，该训练中身体重心从一侧移动到另一侧使核心肌群得到锻炼，有助于提高膝部和踝部的稳定性。

- 双腿分开，上肢伸向身体一侧，紧紧握住哑铃。
- 右手持哑铃伸向左足，屈曲左膝并伸直右腿。
- 保持背部和核心肌肉紧张，使重心回到中央，然后触右侧。

409 负重球悬吊式内收肌弓步

双足并拢站立，右腿放入支撑带，左足朝前，向远离支撑带方向跳一小步。负重球托举在胸前，右腿伸直，深屈左膝。保持核心肌肉紧张，支撑背部。左足跳回呈站立姿势，重复。

410 负重球分腿内收肌弓步

双足并拢，双手持负重球放在胸前，向左迈出一大步，屈曲左膝部，伸直右腿。保持核心肌肉紧张，支撑背部。左足跨回呈站立位。

411

侧 踢

静态侧踢时，将腿从中线伸出，然后将其收回，而不移动身体其他部位，这非常有利于加强身体侧方的稳定，也有助于增强核心力量和改善平衡能力。

注释
粗体字表示目标肌肉
黑体字表示其他工作肌肉
* 表示深层肌肉

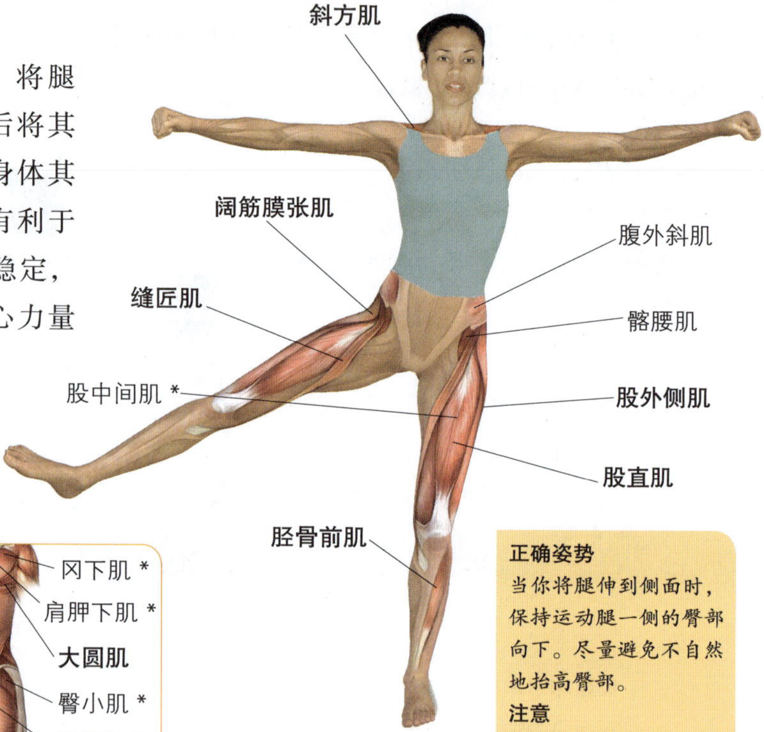

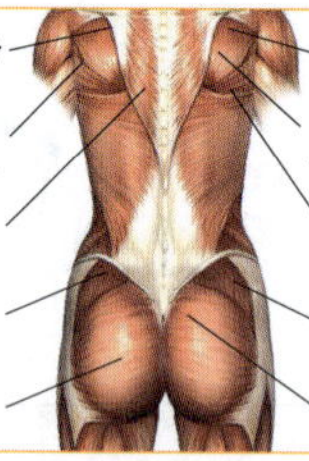

正确姿势
当你将腿伸到侧面时，保持运动腿一侧的臀部向下。尽量避免不自然地抬高臀部。

注意
避免用蛮力踢腿，动作应该简单且舒适。

- 手臂垂放在躯干两侧，双足分开与肩部同宽。
- 站立，核心肌肉紧绷，脊柱挺直。
- 做动作时，右腿向侧面打开并向上张开手臂以保持平衡，屈右足。
- 让腿自然下垂回到起点，换另一侧。

412 下轮踢

下轮踢来自综合格斗。这个动作也用于跆拳道练习中，旨在通过动态向前移动臀部并从腿后部提供强大的推动力。

- 起始时双腿分开大跨步站立，右腿在左腿后方。
- 将臀部和足向右转，使胸部朝向前方。双手握拳，双臂摆在胸前。
- 一次动作中，将臀部用力推向前方，左足向左侧转，右腿在臀部高度向侧方并向前踢出。

413 侧踢伸展

紧绷核心肌群，挺直脊柱站立，右臂伸向天空。在一次动作中，右腿向侧面张开并使右臂与其接触，屈右足。放下腿站立，换另一侧。

414 直踢

站立，双足分开与肩同宽，紧绷核心肌群与腿部肌肉，右腿踢向前面。左臂伸到面前并指向右足。确保在腿部和手臂使用摆动的动作。

415 触足踢腿

触足踢腿非常适合稳定核心、拉伸腘绳肌和臀部，也有助于增强下肢力量和平衡力。如果无法触及足趾就尽可能向前伸展。

- 站立位，双足分开与肩部同宽，伸出右手臂。
- 动员核心肌群和腿部肌肉，左腿踢向前面。
- 右臂向前伸，触摸右足。确保在腿部和手臂使用摆动的动作。

416 伸臂踢腿

站立位，双腿分开与肩部同宽，动员核心肌群与腿部肌肉，右腿向前踢，屈右足，左臂尽量向前伸。整个过程中始终保持背部挺直。

417 踢腿伸展

站立位，双腿分开与肩部同宽，动员核心肌群与腿部肌肉，右腿向前踢，并摆向胸部。沿对角线将左臂伸到右足趾处，右足指向天花板并感受腿后方的肌肉被拉伸。

418 武术踢腿

踢腿在武术锻炼中已经存在了数个世纪。该动作依靠腿部和核心肌肉提供平衡和力量。这种踢腿动作应该重复且流畅地进行。

- 膝部略微屈曲站立，双手握拳置于胸前。
- 收紧核心肌群和腿部肌肉，将右膝抬起到身体中央。
- 快速踢出右腿，髋部转向一侧并屈曲足部。

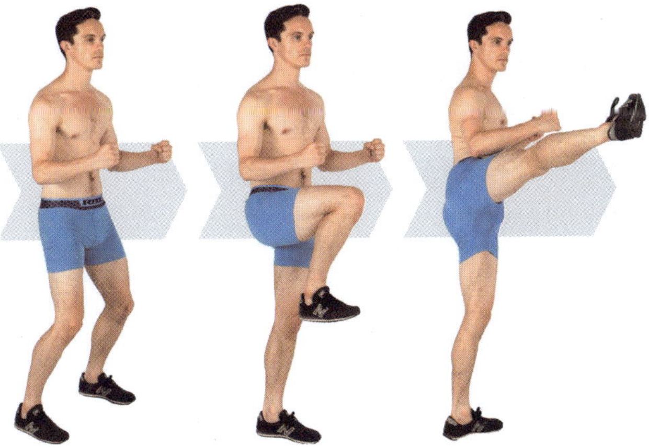

419 回旋踢

面向前方，右腿在左腿后方交叉站立。在一个动作中，髋部用力压向左侧，右腿从侧方向前踢，使腿尽量向上抬高。

420 蹦床负重球触足踢腿

站在蹦床上，在胸前举起一个负重球，动员核心肌群和腿部肌肉，将右腿踢向前面，屈右足，使手臂和负重球够到右足。

421

消防栓式

这种核心训练的形式几乎可以在所有以腹部为重点的训练中找到，如瑜伽、普拉提、芭蕾舞和健美操。当抬起一条腿放下另一条腿时，重点是用两只手和一条腿保持核心稳定，锻炼髋部和臀部的深、浅层肌肉。

正确姿势

将腹部肌肉用力收紧，保持背部伸直。

注意

膝部屈曲不要大于或小于90°。直角姿势是这组动作的关键。

注释

粗体字表示目标肌肉

黑体字表示其他工作肌肉

* 表示深层肌肉

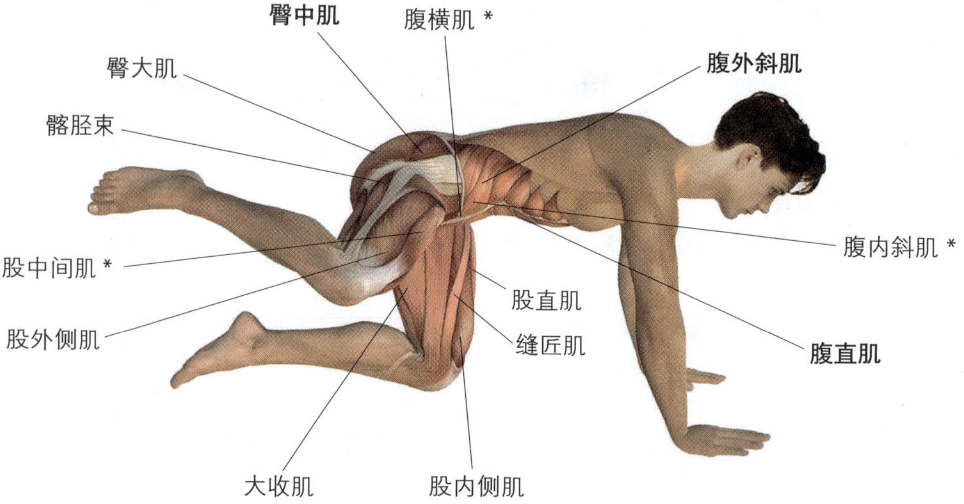

- 用手和膝部保持平衡（四点支撑）。
- 用力收腹，沿躯干两侧紧张腹部斜肌。
- 将右腿抬起伸向一侧，保持膝部屈曲，胸部朝向地面。

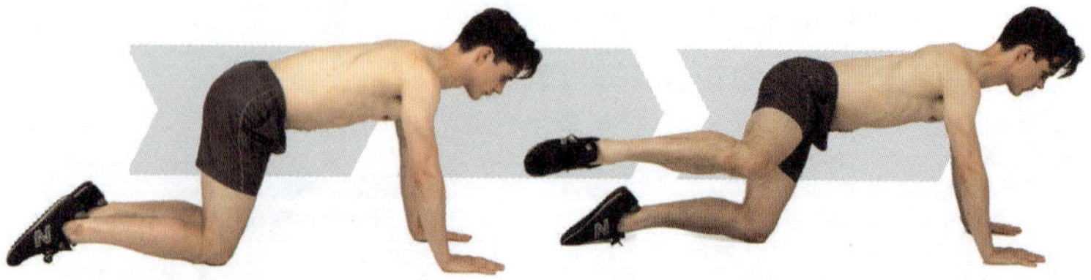

422 消防栓式回推

从双手、双膝四点支撑的动作上分离抬起一条腿，是利用自身重量来增强核心肌群力量的好方法。你可以在任何你认为合适的地方进行该运动。

- 用双手和膝部保持平衡。
- 收紧腹部肌肉并沿着躯干两侧收缩腹部斜肌。
- 将右腿向侧面抬起，蹬腿使其伸到身体后方。

423 消防栓式直腿抬高

开始时，重心位于双手和膝部之间。收紧腿部肌肉和腹肌，沿着躯干两侧用腹部斜肌发力，右腿抬起伸向外侧，膝部屈曲，然后将腿伸直。

424 消防栓式负重直腿抬高

开始时，在左踝上方固定一个负重包。重心位于双手和膝部之间。收紧腿部肌肉和腹肌，沿着躯干两侧用腹部斜肌发力，抬起一侧右腿，膝部屈曲，然后将腿伸直。

425 蚌式开合

蚌式开合是另一种可以在任何地方完成的锻炼。如果你想增强臀部和大腿周围的肌肉，这是一个很好的方式。该锻炼将动用外侧髋部的肌肉群保持双足抬起，为你塑造修长而强壮的大腿。

- 首先，左侧卧位。左前臂放在地板上支撑上半身。
- 膝部屈曲 90° 置于髋后方，踝部屈曲。腹肌发力，抬起足跟，打开双膝。降低，重复。

426 阻力带蚌式开合

阻力带是用来抵抗身体自身力量的好方法。它们几乎没有重量且使用简单。有各种厚度，通常来说，阻力带越厚，力量越大。

- 在小腿上部固定一条阻力带。开始时，左侧卧位。左前臂放在地板上支撑上半身。
- 膝部屈曲 90° 置于髋后方，踝部屈曲。腹肌发力，打开双膝。降低，重复。

427 臀部后踢腿

这一核心锻炼常与许多不同的运动相结合，如瑜伽、普拉提、芭蕾舞和健美操。当将一条腿伸向后方时，重点是双手和另一条腿保持核心稳定。

- 用双手和膝部保持平衡。
- 收紧腹部肌肉，并沿着躯干收缩腹部斜肌。
- 将右腿向后上方抬起，保持膝部屈曲呈直角，胸部朝向地面。

428 阻力带臀部后踢腿

在该动作中使用阻力带可以增强对股四头肌的拉力。阻力带也可以增加腘绳肌和臀肌的阻力。

- 开始前，双手和双膝打开并牢牢支撑在地板上，阻力带缠绕在右足跟周围。
- 收紧腹部肌肉，并沿着躯干两侧收缩腹部斜肌。
- 对抗阻力带的张力将右腿向后上方抬起，保持膝部屈曲呈直角，胸部朝向地面。

429

高抬腿

将膝部抬起高于同侧髋部，可以激活核心肌群，同时拉伸下背部肌肉至腘绳肌。通过交替向胸部抬膝可以锻炼平衡性、灵活性和核心力量。

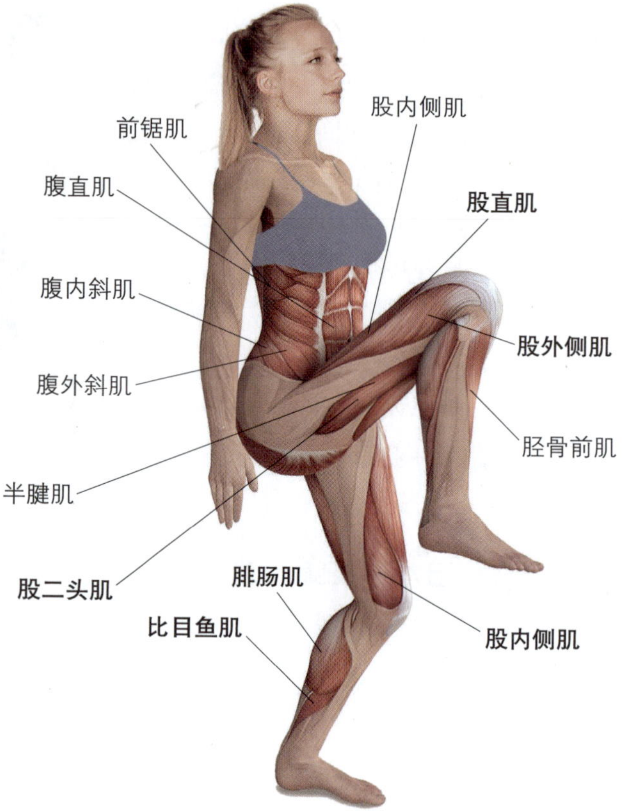

正确姿势
保持上身挺直。收腹稳定核心。
注意
避免肩部向前或向后。避免腹部侧向扭转。

注释
粗体字表示目标肌肉
黑体字表示其他工作肌肉
* 表示深层肌肉

- 站直，双臂自然下垂于躯干两侧。
- 动员双腿后侧肌群和核心肌群，向胸部抬高右膝。
- 快速放下右腿并抬高左腿。训练过程中，双腿可弯曲。

430 高抬腿进阶

站立位，前臂向前伸出。动员双腿后侧肌群和核心肌群，双腿交替抬起触碰同侧手。

431 负重高抬腿

站立位，双臂伸直自然下垂于身体两侧。动员双腿后侧肌群和核心肌群，双腿交替向胸部抬高膝部，期间允许膝部轻微从一侧摆向另一侧。

432 哑铃侧平举高抬腿

以窄距站姿开始，手拿哑铃，张开双臂。抬起右膝部，然后向外侧伸展。注意保持双臂有力、外展。

433 健身球侧方跳跃

双足微微分开站立，手持健身球于胸前。跳起，横向弓步，双腿弯曲落地，再迅速跳起，向另一侧横向弓步，为一个运动周期。继续两侧交替进行。

434

双腿抬高

简单实用的双腿抬高动作，通过利用深层核心肌群抬高双腿并保持平衡，可以锻炼内、外侧腹部肌群，以及激活平时难以触及的深层核心肌群。

正确姿势
确保上背部、中背部和下背部均贴紧地面。
注意
避免双腿悬空太低，以致无法激活腹部肌群。

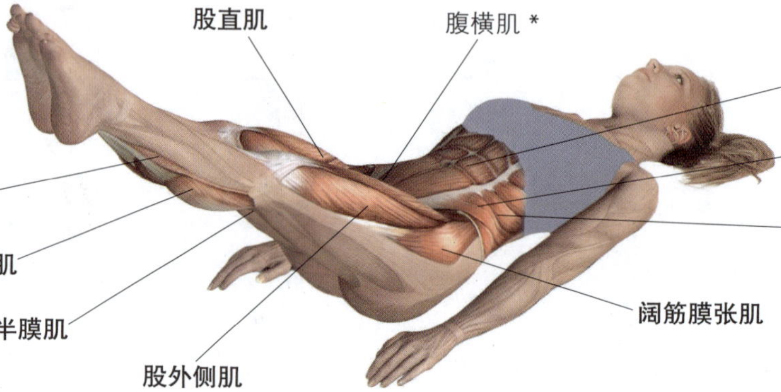

注释
粗体字表示目标肌肉
黑体字表示其他工作肌肉
* 表示深层肌肉

- 平躺，屈髋伸膝，抬腿高于身体平面。
- 收腹，双踝跖屈，足尖指向远方，调低双腿高度。
- 保持背部紧贴地面，再次收腹，抬高双腿。

435 泡沫轴上双腿抬高

仰卧位，用泡沫轴支撑臀部。双腿抬高，向正上方尽力延伸，收缩下腹部，勾足尖，降低双腿高度。保持胸部和臀部不动，再次收腹，抬高双腿。

436 手膝触碰等长训练

仰卧，脊柱紧贴泡沫轴，双臂平放于躯干两侧。先左膝抬起，收腹，举起右臂，右手触碰左膝。两侧交替进行。

437 泡沫轴上抬膝

仰卧于泡沫轴上，双臂放于身体两侧。屈膝，双足平放在地上。收腹，抬高双膝，卷腹（#167），使胸部向膝部靠近。

438 泡沫轴上直腿蹬车

仰卧于泡沫轴上。屈膝，双腿并拢，髋部屈曲与大腿呈 90°。伸直右腿，收回右腿，然后再伸直左腿。用力收缩腹肌以维持躯体核心稳定。

439

抬 腿

注释
粗体字表示目标肌肉
黑体字表示其他工作肌肉
* 表示深层肌肉

在这个动作中，训练目标集中在腘绳肌和大腿上。一个标准的抬腿动作有助于维持核心稳定性和躯体平衡。

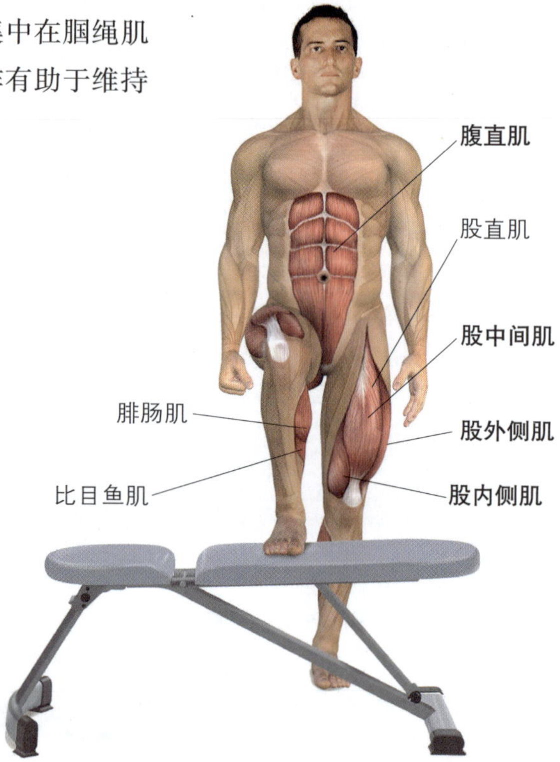

正确姿势
保持身体前倾，重心转移到前足掌。
注意
当腿迈上或迈下训练凳时，一定要小心，不要向前冲。缓慢地移动，有助于核心稳定，提供更好的平衡。

- 双腿站在训练凳后面，双臂自然垂于身体两侧。
- 右腿抬上训练凳，重心移到右腿，然后站起。
- 双足站在训练凳上。右腿先往下迈，双腿回到地面，站立。

440 交替抬膝跨步

交替抬膝跨步是一个基础的有氧运动，有助于促进更好的平衡和强化小腿力量。通过激活双腿后侧肌群和核心肌群，将腿抬到一个较高的平面，有利于改善并保持整个身体的稳定性。

- 在健身箱后面站直，双手自然垂于躯干两侧。
- 激活双腿后侧肌群和核心肌群，左腿跨步踩在健身箱上，抬起右膝靠近胸部。
- 将右腿摆回站立位，双腿伸直。重复上述运动。

441 健身箱跳跃

站立于健身箱后面。弯曲双腿，做标准深蹲（#297），然后迅速向上跳，屈膝降落在健身箱上。伸直双腿，再次屈曲，双腿向后跳。必要时使用双臂辅助。

442 持健身球健身箱上跳跃

站立于健身箱后面。双手于胸前举起健身球，弯曲双腿，做标准深蹲，激活核心肌群和大腿肌群，然后迅速向上跳，屈膝降落在健身箱上。

443 立卧撑

立卧撑是世界上最好的锻炼之一。驾驭它很难，但如果掌握到位，将达到惊人的效果。正确的立卧撑可以让你在有氧耐力、动态爆发力、核心力量和心血管健康方面受益。

- 双足打开，与肩部同宽。
- 下蹲，双手着地。
- 利用爆发力转为俯撑的姿势（#213）。然后迅速回到下蹲的位置。
- 最后，把双臂举过头顶，用力跳起。

444 平衡球立卧撑

双足张开，与肩部同宽。下蹲，双手放在平衡球的侧面（球面朝下）。利用爆发力转为俯卧撑的姿势（#213），然后迅速回到下蹲的位置。最后，跳起，将平衡球抬举高过头顶。

445 平衡球侧蹲跨步

翻转平衡球，使球面朝上。展开双臂和双腿，把左腿放在平衡球中央。下蹲（#297），侧抬右腿靠近左腿，双腿站稳，然后向右侧抬离右腿。换另一侧重复上述动作。

446 深蹲跳

连续深蹲跳（跳健身箱）是增强训练的另一种形式。利用一套低矮的跳箱，在地面和跳箱之间进行跳跃运动，以提高速度和力量。

- 在一排跳箱中的一个跳箱上面站直。
- 双腿屈曲，做标准深蹲，快速跳起，双足弯曲落在下一个跳箱后面的地板上。
- 一旦落地即伸直双腿，再次屈膝，跳上下一个跳箱。必要时使用双臂辅助。

447 健身球深蹲跳

站在一排跳箱中的一个跳箱上。举起健身球，深蹲，快速跳起，双足弯曲落在下一个跳箱的后面地板上。着地后，伸直双腿，再次屈膝，跳上下一个跳箱。

448 举臂抬膝跨步

站直，双臂放于身体两侧。激活核心肌群和大腿后部肌群，左足跨步，踩在跳箱上。抬起右膝部，对侧左臂上举过头。

449 举哑铃跨步

双足站于健身箱后面。双手紧握哑铃放于胸部两侧。抬起左腿踩在健身箱上面，重心转移到腿上，然后再将右腿抬起，悬于跳箱后面。换腿，重复上述动作。

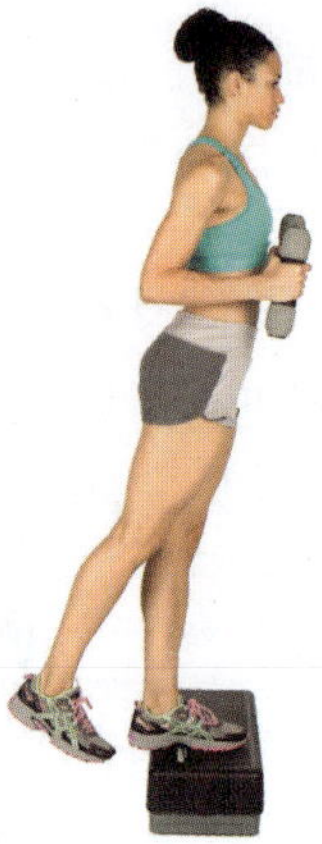

450 哑铃弯举侧跨步

站在健身箱侧边，双手紧握哑铃放于肩前。左腿抬起迈上跳箱上面。重心向左腿转移。

451 哑铃弯举侧跨步并抬腿

站在健身箱侧边，双手紧握哑铃放于肩部。左腿抬起迈到跳箱上面。重心向左腿转移后，抬起右膝。

452 健身球交叉跨步

将健身球举到身体中央，抬起右腿交错跨过身体，放在跳箱上面。伸直右腿，站起。抬起左腿迈上第二个跳箱上面。右足交错跨过左腿放在地上。

453 训练凳上交叉跨步

双足并拢站在训练凳侧面，双臂自然下垂于身体两侧。抬起右腿交错跨过身体，放在训练凳上面。伸直右腿，站起。双足并拢站于跳箱上面。左腿跨步回到站立位。

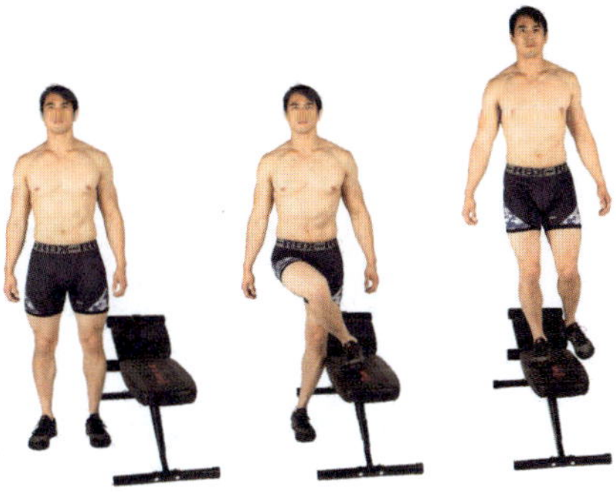

454 侧跨步并侧抬腿

站立位，动员核心肌群，挺直脊柱。双臂伸直放于身体两侧。左腿迈上跳箱，张开双臂以保持平衡。侧抬右腿，屈右足。

455 下台阶训练

双足站在健身箱上面。双手扶髋部。左膝屈曲，并将右足往下放在健身箱前面，然后伸直左腿回到原位，重复上述动作。换腿，重复。

456 负重球下台阶训练

双足站在跳箱上面。左膝屈曲，并将右足往下放在跳箱前面，然后高举负重球过头，伸直左腿回到原位，重复上述动作。换腿，重复。

457 侧向下台阶训练

双足并排站在跳箱上面（脚与健身箱平行）。向前举起双臂，左膝屈曲，并将右足放在跳箱外。然后伸直左腿，重复上述动作。换腿，重复。

458 重力球侧向下台阶训练

站在跳箱侧边，双手于胸前举起健身球。左腿迈上箱子，重心向左腿转移，外展右腿。

459 侧向跨跃

站直，双手自然垂于身体两侧。想象左侧有一个高台，必须跨过。抬起左膝，向左侧外展左腿。然后伸直右腿，抬起右膝，向左侧与左腿靠拢。

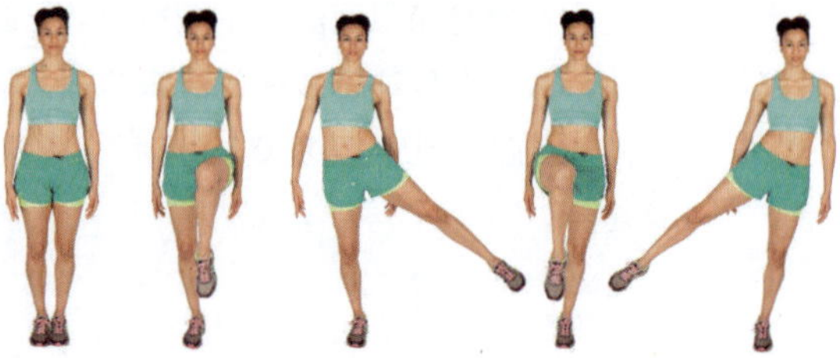

460 交叉跨步

双足打开，与髋部同宽，站于跳箱侧边。双手自然垂于身体两侧。抬起右腿交错跨过身体，放在跳箱上面。伸直右腿，站起。双足站于跳箱上面。换左腿交叉跨步，返回起始位。

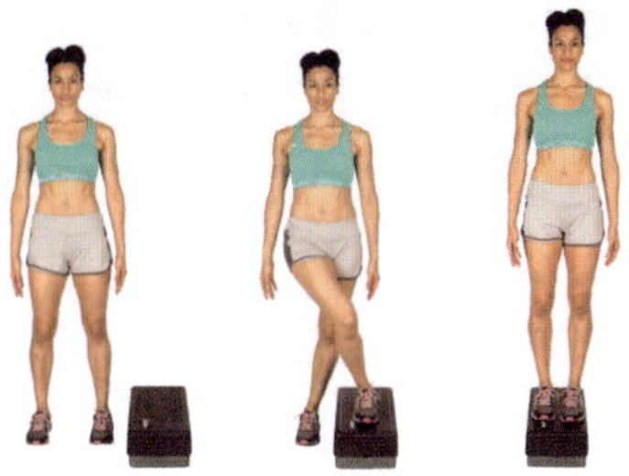

461 举哑铃交叉跨步

双足打开，与髋部同宽，站于跳箱侧边。双手紧握哑铃置于身体两侧。抬起右腿交错跨过身体，放在跳箱上面。伸直右腿，站起。双足站于跳箱上面。

462 举哑铃溜冰

双足并拢，双手举起哑铃，向左跨步，屈曲左膝，将负重弯举到肩部。伸直脊柱，使躯干前倾超过左膝。收拢左腿，回到起始站立位。

463 踏板溜冰

双足站在健身箱侧边，向体侧展开双臂。向右跨步，右足踩上跳箱，屈曲右膝。脊柱伸直，弯腰，使躯干前倾超过右膝。左臂触碰右足，伸直右腿。换左腿，重复。

464 举哑铃踏板溜冰

双足站在健身箱侧边，双手拿起哑铃置于身体两侧。向右跨步，右腿踩上跳箱，屈曲右膝。伸直脊柱，弯腰，使躯干前倾超过右膝。当你交替双腿踩上或踩下跳箱时，依次向前和向后摆动对侧的手臂。

465 平衡球上剪刀式抬腿

仰卧位，用平衡球支撑背部。抬起双腿，使之与髋部呈 90° 。卷腹 (#167)，并维持该姿势。前后移动右腿后，换左腿继续。

466 平衡球上坐位屈腿

坐在平衡球上，双膝屈曲于身前。身体后倾，将部分重心转移到双手。收紧下腹，抬高双腿，同时屈踝部。保持胸部朝前，弯曲双腿。

467 泡沫轴上屈曲抬腿

仰卧位，脊柱紧贴泡沫轴，上臂放于身体两侧，抬起双腿置于身前。双膝屈曲呈直角，收腹，从泡沫轴上抬头，透过膝部向前看。

468 泡沫轴上对侧手足触碰

仰卧位，用泡沫轴支撑头和脊柱。伸直双腿，卷腹，同时抬起左腿，并且高举右臂过头。左腿和右臂呈对角线交叉相触。左臂和右腿重复上述步骤。

469 跪位侧抬腿

双膝跪位，保持重心平衡。手放在枕后，重心向右侧转移，左腿外展。髋部朝前，收腹，左腿抬离地面向上踢。

470 跪位侧踢

双膝跪位，保持重心平衡。左手放在枕后，右手触地支撑躯体，重心向右侧转移。左腿伸直抬起，向前、向后摆动。

471 直腿抬高

仰卧，臀部贴地，双腿伸直上抬。收紧下腹部，双踝背屈，降低双腿高度，保持臀部稳定，再次收腹，抬高双腿。

472

桥式运动

桥式运动可以激活下肢的所有肌肉。为了达到最大程度的桥式，必须收腹以稳定下背部和大腿后部肌群。通过在髋部增加负重和/或抬起一侧足，可以增加桥式运动的难度。

注释
粗体字表示目标肌肉
黑体字表示其他工作肌肉
* 表示深层肌肉

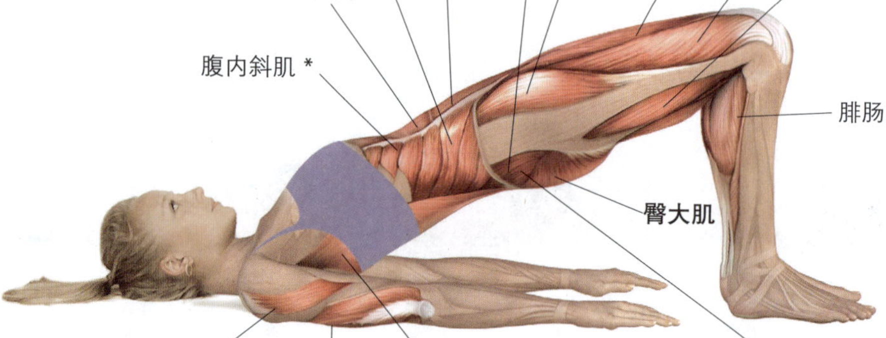

正确姿势
在桥式运动达到最大程度时，从头部到膝部应呈一条直线。
注意
避免把足过于靠近臀部，确保有足够的空间方便进行桥式抬起和下降动作。

- 仰卧位，背贴地面。激活腹部肌群，使其充分向腰背段脊柱收缩。
- 足底贴地，双腿并拢。
- 手臂放在身体两侧，向下用力，同时抬高臀部使之悬起。当桥位达到最高点时，激活核心肌群和大腿后侧肌群。

473 单腿桥式运动

仰卧位，背贴地面。足掌贴地，双足并拢。手臂放在身体两侧，向下用力，同时抬高臀部使之悬起。伸直右腿，然后换左腿伸直。

474 健身盘单腿桥式运动

仰卧位，背贴地面。足掌贴地，双足并拢。把健身盘放在髋部正上方，抬高臀部。沿左膝旁边伸直右腿，然后换左腿伸直。

475 健身盘臀桥

仰卧位，背贴地面。足底贴地，双足并拢。把健身盘放在髋部上方。抬高臀部，充分激活核心肌群。

476 训练凳上杠铃臀桥

坐在地上，背靠训练凳。足底贴地，双足并拢。把杠铃放在髋部，紧握杠铃使其悬起并抬高臀部，同时把肩部放在训练凳上。

477 健身箱或训练凳上臀桥

仰卧位，背贴地面，上臂后部紧压地板，双肘向上屈曲呈90° 。双侧足跟放在跳箱或训练凳上。抬高臀部，双肩和上臂牢牢地压向地面。

478 俯卧抬腿

在训练凳上伸直躯干。双臂抓紧训练凳下沿，双腿紧紧并拢。收紧腹部肌肉，抬高双腿。

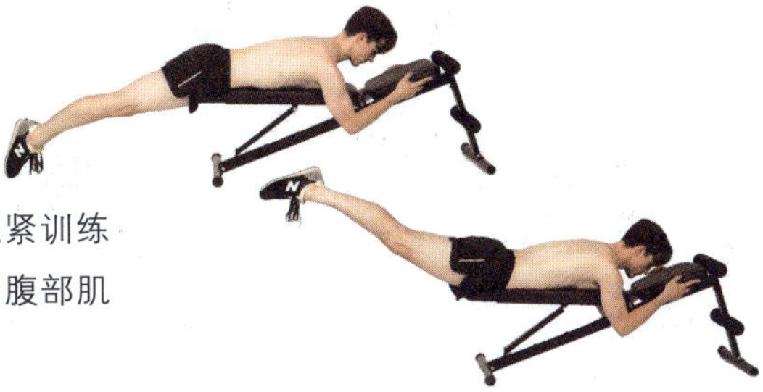

479

原地登山

原地登山源于攀岩，动作模仿攀爬姿势且同样具有挑战性：平行于地面，充分激活核心肌群和腿部肌肉后，交替抬腿以靠近胸部。该运动可以提高双臂和核心肌群的稳定性，并且训练爆发力。

正确姿势

确保身体呈一条直线，与地面平行，做低位平板支撑。膝部内收可以增加动作的难度。

注意

避免摆动腰部或耸肩。保持腹肌用力，手臂撑地。

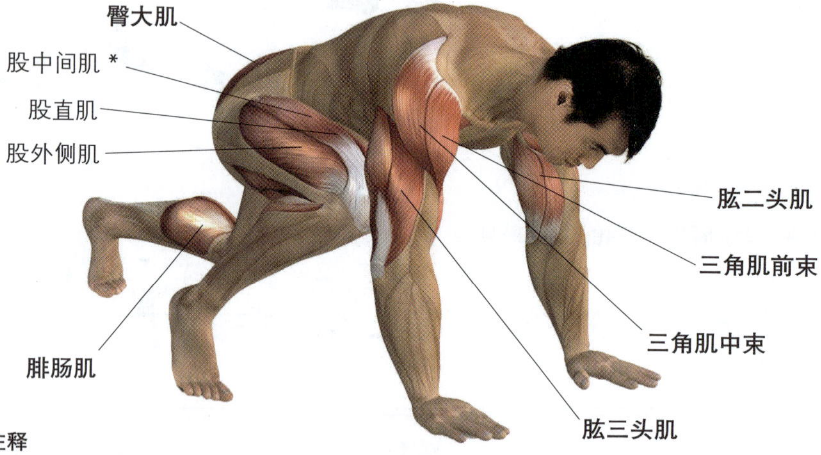

注释
粗体字表示目标肌肉
黑体字表示其他工作肌肉
* 表示深层肌肉

- 手掌撑地，做标准平板支撑（#213），并保持平衡。
- 充分激活核心肌群，向胸部屈曲右膝。
- 保持平板支撑姿势，换腿，左膝向胸部屈曲。

480 平衡球上原地登山

手撑在平衡球上，做标准平板支撑姿势，并保持平衡。充分激活核心肌群，向胸部屈曲右膝。保持平板支撑姿势，换腿，左膝向胸部屈曲。

481 泡沫轴原地登山

手掌撑地，做标准平板支撑，并保持平衡。左足放在泡沫轴上，充分激活核心肌群，向胸部屈曲右膝部。保持平板支撑姿势，换右腿放在泡沫轴上，左膝部向胸部屈曲。

482 瑞士球原地登山

手撑在瑞士球上，做标准平板支撑姿势，并保持平衡。充分激活核心肌群，向胸部屈曲右膝部。保持平板支撑姿势，换腿，左膝部向胸部屈曲。

483 健身球原地登山

手撑在健身球上，做标准平板支撑姿势，并保持平衡。充分激活核心肌群，向胸部屈曲右膝部。保持平板支撑姿势，换腿，左膝部向胸部屈曲。

484 身体交错原地爬山

进入标准平板支撑姿势。充分激活核心肌群，左膝部越过躯干，向右肩部屈曲。保持平板支撑姿势，换腿，右膝部越过躯干，向左肩部屈曲。

485

直腿硬拉杠铃

硬拉的目标是锻炼所有与保持正确姿势相关的肌群。通过训练，你可以在日常活动中将背挺得更直。该动作可以同时锻炼全身肌肉，如果你只想做一项运动且希望效果神奇，这就是你想要的。做任何硬拉训练，特别是这种直腿硬拉，注意不要举起太重的物体，否则会损伤腰部。臀部往后翘，慢慢降低重物，直至腘绳肌有强烈拉伸的感觉。杠铃无须触碰地面。

正确姿势

硬拉的目标是锻炼下背部肌肉和腘绳肌。一定要保证背部和腿部伸直。

注意

在这个动作中不要让杠铃摆动，保持身体的重心。当你调低重心时，不要把后背弯起来。

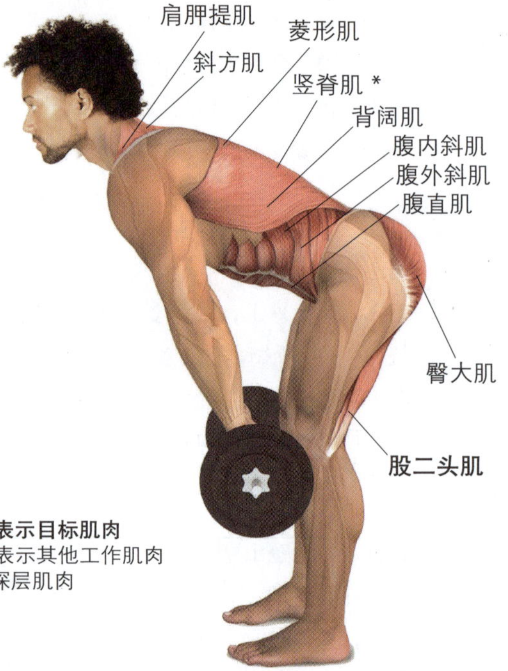

注释
粗体字表示目标肌肉
黑体字表示其他工作肌肉
* 表示深层肌肉

- 站直，把杠铃举到双腿前面。
- 向前屈髋。双腿伸直，杠铃触碰小腿。
- 伸直脊柱，站直如起始姿势。重复以上动作，当躯干前后活动时，保持背部挺直。

486 杠铃高翻

杠铃高翻是把杠铃重量放在身前的一种训练方法。通过快速举起或抓起杠铃，可以训练核心肌群力量，以及腰部和腿部肌肉的稳定性。

- 开始，做深度屈腿硬拉姿势（#485），双手紧握杠铃。
- 沿身体前方举起杠铃，向上举起同时反转杠铃至肩膀高度，结束时手心朝向天花板。
- 通过激活双腿肌肉和核心肌群，再次放低杠铃。

487 杠铃挺举

开始时做深度屈腿硬拉姿势，双手紧握杠铃。沿身体前方举起杠铃，向上举起杠铃同时将其反转至肩部，然后高举过头，结束时手心朝向天花板。

488 体操棒高翻

开始时做深度屈腿硬拉姿势，双手紧握杠铃。激活核心肌群，绷紧大腿后侧肌肉。沿身体前方提起体操棒，上举同时反转至肩部高度，结束时手心朝向天花板。

489 直腿硬拉哑铃

站直，举起哑铃放于身体两侧。向前屈髋，当屈髋角度增加时，保持哑铃靠近身体两侧。双腿伸直，将哑铃拉至身体前方靠拢。背部回站立位。重复训练，背部前后移动时保持挺直。

490 单臂硬拉哑铃

站立位，激活核心肌群，右足旁放一个哑铃。深度屈膝，臀部往后，下蹲。右手抓住哑铃，硬拉 (#485)。

491 单臂硬拉壶铃

站立位，双足张开，与肩部同宽，壶铃置于两腿之间。俯身，用一只手抓住重物，硬拉。

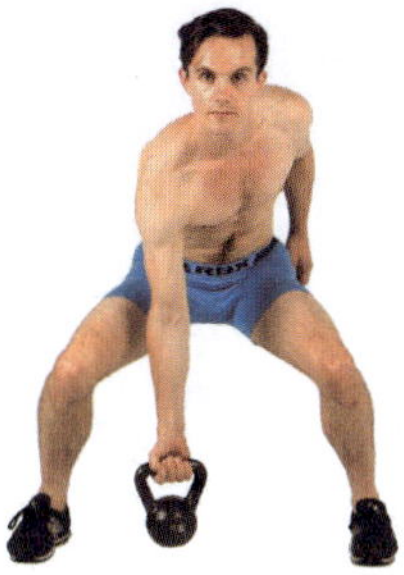

492 单臂直腿硬拉壶铃

左手拿起壶铃，身体前倾，左腿后伸。让壶铃将身体拉向前、向下。充分激活核心肌群。这是腿部塑形的良好方法。

493 杠铃负重屈髋

站直，双足张开，与肩部同宽。举起杠铃，放在肩部。屈髋时收紧大腿后侧和臀部肌肉，并且激活核心肌群。躯干前倾时保持背部挺直。

494 哑铃负重屈髋

双足张开站立。举起哑铃，放在肩部两侧。屈髋时激活大腿后侧和臀部肌肉，并且激活核心肌群。躯干前倾时保持背部挺直。

495 站姿提踵

发育良好的小腿有助于髋部以下的踝关节和膝关节更好地连接，从而改善站立、跑步和步行时的步态和平衡。提踵还可以稳定踝关节。

- 双足张开，与肩部同宽。拿起体操棒放在肩上增加负重。
- 把身体的重心转移到足掌，足跟抬离地面。
- 足跟远离地板，保持一段时间，然后放下。

496 高举哑铃负重提踵

双足张开，与肩部同宽，身体的重心放在足掌。两手各握一个哑铃，身体向前倾，足跟离地，然后将哑铃沿身体两侧高举过头。

497 高举杠铃负重提踵

双足张开，与肩部同宽，身体的重心放在足掌。举起杠铃放在肩上，身体向前倾，足跟离地，然后把杠铃直接高举过头。充分激活核心肌群，保持平衡。

498 小腿伸展

站在阶梯踏板或架高物体的后面。脊柱挺直，双臂自然下垂于身体两侧。左侧足趾踩在前面踏板的侧边，伸展小腿。换右侧重复上述训练。

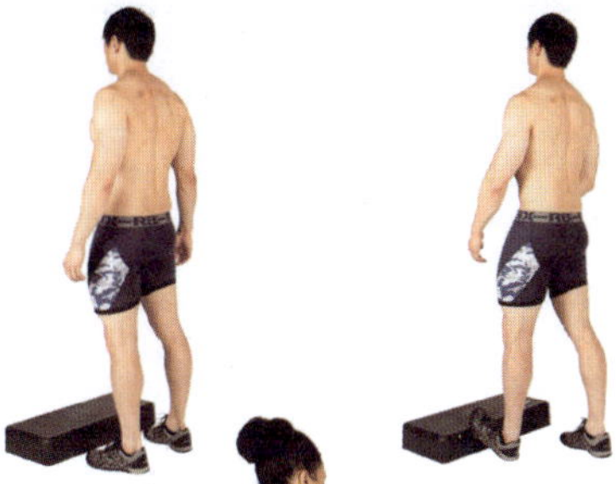

499 小腿伸展提踵

站在阶梯踏板或架高物体的后面，伸展左侧小腿 (#498)。左足站稳，右足跟离地。可以感觉到从小腿肌群到腘绳肌被拉伸。换左足跟离地，伸展左侧小腿。

500 哑铃提踵

双足张开，与肩同宽，身体的重心放在足掌。两手各握一个哑铃，身体前倾，足跟离地。感觉小腿和足踝的活动。

501 杠铃落踵

双足打开，与肩部同宽，前足掌站在踏板上。把身体的重心放到前足掌上，降低足跟高度。然后抬起足跟，直到感觉小腿强烈收缩。